KB138032

사람이
염치가 있어야지

사람이
염치가 있어야지

이주연 이음

해피북스
투유

당신의 염치가 고맙습니다

감사로 이야기를 시작하고 싶다.

염치가 푸대접받는 시대라지만, 6개월 동안 염치를 두고 씨름하다 보니 보였다. '당신'이 염치 있음을, 그 염치 있음이 우리 사회를 유지하고 발전시키는 중요한 버팀목임을 말이다.

염치를 탐구한 건 힘 있는 자들의 적나라한 위선을 목격했기 때문이다. 그들이 염치없게 느껴졌다. 사회가 위악으로 치닫는 게 아닐까, 우리 사회에 염치가 남아 있는 것일까, 궁금했다. 그렇게 들여다 본 '염치'는 단어 뜻에서부터 편견을 깼다.

체면을 차릴 줄 알며 부끄러움을 아는 마음.

국어사전에 정의된 염치다. 참 좋은 말이었다. 부끄러움이라는 마음을 '알아채는', 한 단계 더 들어간 마음이 염치였다. 내 마음에 대한 '자각'이다. 염치의 염廉에 '살핌'의 마음이 담겨 있음을, 우리는 배웠다. 나의 부끄러움을 살폈기에 반성하고, 이를 바로 잡기 위해 노력하며, 그 향상성으로 눈에 띄지 않는 진보가 이뤄짐을 알게 됐다.

그래서 염치 있는 당신이, 고맙다.

어느 날, 1층으로 내려가는 엘리베이터 안. 마스크를 쓰지 않은 할머니가 타고 계셨다. 마스크를 쓴 나를 보더니 그제야 생각났다는 듯, 할머니는 손을 입가에 가져가며 '아 마스크를 안 가져 왔네'라며 혼잣말을 하셨다. 듣는 나를 의식한 말이다. 알 듯 모를 듯 미안함이 섞여 있었다. 슬며시 웃음이 나왔다. 상대가 나를 불편하게 여길까 봐 나오는 은연중의 몸짓, 그것이 염치였다. 할머니는 엘리베이터를 타고 도로 올라가셨다.

코로나19 시대, 당신 입과 코를 막고 있는 그 마스크가 우리의 염치다. 마스크에는 타인의 바이러스에 노출되지 않겠다는 불안과 혹여 있을지 모를 나의 바이러스를 옮기지 않겠다는 선의가 뒤섞여 있다. 나로 인해 N차 감염이 진행될 수 있다는 공포도 혼재한다. 인중이 축축해지고 들숨과 날숨이 불편하고 내 구취에서 벗어날 수 없음에도 마스크를 쓴다는 것은, '나 하나쯤이야'라는 가벼움을 염치가 밀어냈음을 의미한다.

코로나19 감염자들은 상상 이상의 호된 투병을 거치며 '마스크 쓸 걸' 후회한다고 한다. 그렇다. 염치 있게 산다는 건, 당신 스스로에게도 좋다. 염치가 당신을 지킨다. 모두가 각자도생하기 바쁘다지만, 그렇기에 개개인이 버티기엔 염치 있게 사는 게 낫다.

그래서 마스크를 쓴 당신이, 고맙다.

100명 중 98명은 염치가 있다. 물론 100명의 한 명 쯤은 염치가 없다. 그리고 나머지 한 명은 '능동적'으로 염치를 행하는 사람이다. 눈에 보이는 친절을 베풀고, 기부하고, 선뜻 도움을 건넨다. 나머지 98명은 타인의 기억에 남지 않게 스쳐 지나간다. 지하철, 버스, 광장에서 익명의 다수 속 누군가에게 불편을 끼치지 않았다는 건 최소한의 염치를 지켰다는 이야기다.

'염치'는 대개 '없다'와 조우하기에 염치없음에 더 익숙할 뿐이다. 황당한 뉴스의 주인공은 거의 염치없는 이들이라 그렇다. 직업과 동선을 속여 코로나19 7차 감염을 일으킨 학원 강사에게는 "부끄러운 짓을 왜 하냐"는 질타가 쏟아진다. 회의를 하다가 '내가 누군지 아냐'며 물컵을 던지는 이들도 염치없긴 매한가지다. 뉴스는 그 염치없음을 비춘다.

매일 매일 나와 너의 선을 지키려는 우리의 염치는 잘 드러나지 않는다. 조별 과제에서 무임승차하지 않기 위해 밤잠을 줄이는 당신의 이야기가, 옆자리 앉은 이와 닿을까 다리를 모으고 우산을 접어둔 당신의 이야기가, '지금은 지하철 안이니 내려서 전화할게'라며 조용히 전화를 끊은 당신의 이야기가 뉴스에 나오지 않을 뿐이다. 당신이 그 98명이다.

그래서 당신의 염치는 귀하다.

또한 쉽다.

이렇게 단언하는 건, 과거에서도 현재에서도 염치를 쉬이 찾을 수 있었기 때문이다. 조선왕조실록에서 2,067번 쓰인 염치를 발견했다. 부끄러움의 시인 윤동주의 열등감에서 염치를 읽었다. 《친일문학론》을 쓴 임종국 선생과 '건달 할배' 채현국 선생의 삶 그 자체가 염치였음을 발견했다. 〈집밥 백선생〉 백종원의 입말 "욕심내지 말라"에서도 염치를 꿰어냈다. 가수 아이유가 새 앨범을 내며 '염치'를 논했을 땐, 소리 없이 환호했다.

누구에게나 배움을 청할 수 있다는 기자의 미덕을 십분 발휘해 '박주영 울산지방법원 판사, 김정호 청주동물원 수의사, 김남길 배우, 이덕일 한가람역사문화연구소 소장, 문요한 작가, 은유 작가, 김태형 심리연구소 소장, 단골 미용실 사장님,

필동의 5,000원 백반집 사장님, 약국 터에 뿌리 내린 카페 사장님'과 만났다. 염치를 물었고, 한껏 배웠다.

'염치 있으면 행복한가요?' 등의 난해한 질문을 아무렇지 않게 던지는 우리에게 기꺼이 시간을 내어주셨다. 감사한 일이다.

그 덕에, 우리는 '염치가 당신의 삶에 나침반이 될 수 있다'는 모종의 답에 도달하게 됐다. 몰염치만 부각되는 시대에서 염치가 고픈 당신에게, 염치없지만 조심스레 이 책을 건네 본다.

차례

1부

염치는
전염된다

사람을 사람답게 만드는 얼굴

지하철, 사람 얼굴 버리기 딱 좋은 곳이다. 오늘이 그랬다. 그 얼굴이 좀처럼 머리에서 떠나지 않는다.

충무로역. 3호선도 탈 수 있고 4호선도 탈 수 있다. 이용하는 사람이 많다. 땅 위와 땅 아래로 오가는 사람들이 에스컬레이터마다 가득 실려 있다. 출퇴근 시간엔 특히 혼잡하다.

상황이 그런지라 일찌감치 출입구 앞에 서 있었다. 역에 도착해 문이 열렸다. 내리려고 했다. 바깥으로 막 나아가던 왼쪽 어깨가 다시 지하철 안쪽으로 떠밀렸다. 아팠다. 내리는 사람들을 밀치며 힘차게 역진하는 그의 어깨는 단단했다. 고개를 홱 돌렸다. 그의 뒤통수라도 쏘아보려고 했다. 그런데 눈에 들어온 건 그의 얼굴이었다. 그의 눈이 이렇게 말하는 듯했다.

'뭐, 어쩔 건데?'

시원하게 욕을 한 사발 퍼붓고 싶었다. 아니, 성질 같아서는 그냥……. 아냐, 난 이소룡이 아니지. 그리고 그 짧은 순간 가슴과 머리가 합의에 도달했다.

'지하철 문이 닫힐 때까지만 째려보자.'

그런데 그 시간이 길게 느껴졌다. 그의 눈매가 점점 포악하게 바뀌는 듯했다. 뻔뻔하기 짝이 없는 얼굴이었다. 아니, 그런 듯했다.

나는 그의 또 다른 얼굴을 모른다. 그가 사랑하는 사람 앞에서 보이는 얼굴, 엄마 앞에서 어리광을 부리는 그 얼굴을 모른다. 학교에서, 직장에서, 그가 어떤 얼굴로 바뀌는지 나는 모른다. 그럼에도 그의 얼굴은 뻔뻔하기 짝이 없는 얼굴로 나에게 남을 것이고, 또 그에게 나의 얼굴은 성질 더럽기 짝이 없는 얼굴로 남을 게다. 서로 으르렁대는 얼굴, 동물에 가까운 얼굴. 그의 얼굴이 곧 나의 얼굴이었다.

지하철은 그런 곳이다.

사람을 사람답게 만드는 얼굴을 잠시 놓아버리기 쉽다. 체면體面이라 불리는 얼굴이다. 남을 대하기에 떳떳한 도리나 얼굴, 사람과 사람 사이 관계의 근간이 되는 그 얼굴을 남이 모를 확률이 99.9퍼센트가 넘는 공간이 지하철이다. 그 안에서 어떤 사람들은 안면을 몰수한다. 자리 욕심이 지나쳐서, 혹은 그 욕심이 분노로 바뀌어 그렇게 하기도 한다.

얼굴이 불쾌한 노인이 서 있었다. 젊은 여성과 젊은 남성이 앉아 있었다. 건장한 남성에게는 단 한마디 없이 왜소한 여성에게 온갖 욕지거리를 내뱉는 그 얼굴은 추했다. 휴대전화 카메라로 여성을 몰래 촬영하다 걸린 유명 앵커의 얼굴 역시 그 순간 그랬을 것이다. 그는 술에 취한 상태라고 했지만 아니었을 것이다. 술을 핑계로 삐져나왔던 탐욕 때문이었을 것이다.

그런 탐욕을 억누르는 마음이 있다. 염치廉恥다. "체면을 차릴 줄 알며 부끄러움을 아는 마음", 인간에게는 매우 귀한 마음이다. 그 마음이 사라진 지하철, 상상만으로도 끔찍하다. 99.9퍼센트의 사람들이 체면을 버리고 자신의 욕심을 실행에 옮긴다면, 부끄러움을 모르는 '동물'들로 가득 차 있다면, 그곳은 지옥이나 다름없다. 그래서 지하철은 인간의 세 얼굴을 함께 목격할 수 있는 공간이다. 탐욕에 취해 체면을 버린 동물적인 얼굴, 약자에게 선뜻 자리를 내어주는 인간적인 얼굴 그리고 남에게 불편을 주지 않으려 최소한의 염치를 지키는 '당신'의 얼굴.

1부

염치는
전염된다

대부분은
염치를
지키고 산다

～～～～～～～～～～～～～～～～～～～～

서울여자대학교 학생 15명과 염치를 주제로 이야기를 나눴다. 그 자리에서도 지하철 이야기가 나왔다.

지하철로 통학하는 그 학생은 학교까지 오는 데 2시간 30분이 걸린다고 했다. 평소 그는 "지팡이를 짚고 오시거나, 불편해 보이는 분들에게는 당연히 먼저 일어나서 자리를 안내해 드린다"고 했다. 그런데 이런 일이 있었다고 한다.

"핸드폰을 보고 있는데, 갑자기 누가 제 무릎을 톡톡 쳐요. 그래서 봤더니, '나와라, 젊은 애가 왜 앉아 있냐'는 식으로 저를 보시더라고요. 자리를 비켜드렸는데, '고맙다' 이런 게 아니라, 너무 당연하게……. 이럴 때는 기분이 상하죠. 염치없다는 생각도 들고요."

그 이야기가 끝나자마자 손을 드는 학생이 여럿 있었다. 친구의 경험담을 전하면서 그 학생은 "매우 빡쳤다"고 했다. 지하철에서 임산부에게 자리를 양보했더니 "어떤 아저씨가 홀딱 와서 앉았다"는 이야기가 먼저 나왔다. 어떤 중년 아주머니 이야기도 '빡치게' 만들었다고 했다. 피곤했던 친구가 잠을 자다 내릴 때가 되어 자리에서 일어났다. 그 순간, 그 친구는 참 살가운 음성을 들었다.

"학생, 다음부터는 자지 마아~"

학생들 사이에서 탄식이 나왔다.

눈물

앞서 '무릎 톡톡' 이야기를 전했던 학생이 다시 말을 받았다. 그는 "사회 전반적으로 염치가 없는 거 같다"고 했다. 그 이유를 물었더니 이런 답이 돌아왔다.

"저도 염치없는 사람 중에 한 명이라고 생각해요. 어르신에게는 당연히 양보해드리는 게 맞죠. 제 무릎을 톡톡 쳤을 때, 그 어르신 입장에서는 제가 염치없는 사람이잖아요. 저는, 내가 항상 옳게 산다고 생각하지만, 누군가 저를 봤을 때 '쟤 왜 저렇게 염치없는 행동을 해?' 그렇게 볼 수도 있는 거잖아요.

사는 게 너무 바쁘고 힘들고 이러다 보니까(이 학생이 아르바이트를 다섯 개 정도 했었다는 사실은 나중에 알게 됐다), 저를 가장 먼저 생각하게 되는 거 같아요."

이 이야기가 다른 학생의 마음을 찔렀다. 그는 "나는 누가 길 가다 물어보면 되게 친절하게 답해주는 사람이었다"며 말을 꺼냈다.

"그런데 제가 염치없다고 느껴…… 그런 생각이 들었던 게……."

그 학생 입에서 한숨이 흘러나왔다. 그의 목소리가 떨리기 시작했다.

"조금 나를 돌아봐야 하잖아요. 돌아봐야 하는데, 돌아보려면 서 있어야 하잖아요. 서 있거나, 뒤로 가거나……. 어느 날 길을 걷고 있는데 할머니 한 분이 길을 물어보셨어요. 그런데 시간이 없는 거예요. 수업에 늦으면 학점이 깎이니까……."

울먹이면서 학생은 말했다.

"그래서 알려드리지 못했어요. 사실, 한 번만 서면 제가 도움을 드릴 수 있었는데, '죄송합니다' 하고 막 뛰어가는데 할머니를 못 보겠더라고요. 계속 미안한 거예요."

이보다 염치가 무엇인지 잘 설명해줄 수 있을까. 선악은 사과처럼 딱 쪼개질 수 없다. 선같이 보여도 그 안에 악이 있을 수 있고, 다 잘못한 것처럼 보여도 잘한 것도 섞여 있기 마련이다. 다른 사람은 몰라도 자신만은 아는 그 '선악과'를 쪼개 보고 때로 우리는 이렇게 말한다. '쩔린다'고. 그 찌르르함에 할머니를 차마 볼 수 없었던 그 마음이 염치다. 그래서 염치의 사전적 정의에서 말하는 '체면'은 남에게만 보이는 얼굴을 뜻하지 않는다. 자신에게만 보이는 그 민낯을 포함한다. 배우 유아인 씨가 그 생김새를 잘 표현한 적이 있다.

욕심과 양심

그의 옆에 도올 김용옥 교수가 서 있었다. 두 사람은 KBS1 〈도올아인 오방간다〉에서 윤동주의 삶을 돌아보며 부끄러움에 관한 이야기를 나눴다. 그러다 유아인 씨가 자신이 과거에 쓴 글을 읽어 내려가기 시작했다. 그의 목소리가 자주 떨렸다. "학교 근처에는 대단지 임대아파트가 자리 잡고 있었다. 거기에 사는 키가 작고 눈에 띄게 까무잡잡한 아이가 한 반에 있었는데, 뒷머리에 새집을 얹고 굳이 맨 앞줄에 앉아서 매일 같이 아이들의 비웃음을 샀다. 풍족한 가정환경이 못 된다는 것은 알았지만, 머리를 감지 못할 만큼은 아니라고 생각했고, 그것을 온전히 그 아이의 지저분한 성격 탓이라고 여겼다. 말수가 적고 공부도 못하고 씻지도 않고 학교에 오는 사회 부적격의 아이. 그런 것들은 자각 없는 중학교 남자애들을 폭도로 만들기에 충분했다. 그 아이는 쉬는 시간을 친구들의 심부름을 하거나 레슬링 상대가 되거나 운이 좋으면 엎드려 있는 것으로 보냈다. 나는 친구들과 어울려 시답잖은 농담을 주고받다 힐끔힐끔 그 아이를 쳐다보는 것으로 자신의 방조를 면책하고 위로했다. '나는 너에게 아무 짓도 하지 않았어. 심지어 이렇게 널 동정하고 걱정하기도 해.' 다수에 속하는 것은 어떤 사회에서나 기본적인 안정과 편의를 보장한다. 모두에게 익숙하고 한가로운 그 시간이 그 아이에게 얼마나 끔찍했을지를 생각하면……. 나는 이루 말할 수 없는 편안함을 누렸고 안심했다. (중략) 또 다른 쉬는 시간, 그 아이는 반에서 힘 좀 쓴다는 괴팍한 놈의 레슬링 상대가 되어 이리저리 쥐어 터지다가 팔이 부러지는 사고를 당했다. 폭행이라는 게 맞을까? 무튼, 가해 학생은 119를 부르기도 전에 그 아이를 협박했고 반의 모든 아이들이 가담하여 그 일을 은폐했다. 가해자는 없고 피해자만 남았다. 선생도, 시건방을 떨던 나도 성가신 일을 만들고 싶지는 않았다. 그 아이는 멀쩡히 복도를 걷다 넘어져 오른쪽 팔에 한 달이나 깁스를 하고 다닌 것뿐이다. 필기를 대신해주는 친구도, 밥을 떠먹여주는 친구도 없었다. 나는 여전히 다수에 속했다."

말 그대로 방송에서 그날 유아인 씨는 '양심고백'을 했다. 욕심도 고백했다. 그는 "지갑은 좀 더 두둑했으면 좋겠고, 더 비싼 옷을 입었으면 좋겠고, 외식이 좀 더 늘었으면 좋겠다"고 했다. 자기 자신의 이익만을 꾀하고 싶은 건 자연스러운 일이다. 동물적 본성이다. 그런 본성에 불편함을 느낄 수 있는 게 또한 사람이다.

배우 유아인 씨의 말이 이어졌다. 그는 "그때나 지금이나 성가신 일들은 나를 피해갔으면 한다"고 했다. "적당히 넘어가자는 마음이 들 때가 사실 많다"면서도 "또 그런 마음이 날 편하게 하지 않는다"고 했다. 찔린다는 말이었다. 그리고 얼굴에 대한 이야기가 나왔다.

"앞에서 나는, 15년씩이나 연기한 배우씩이나 되면서, 왜 이걸 읽으면서 목소리가 떨려야 하나. 그런 게 또 민망하고, 사사건건 부끄럽고, 수치스럽고, 남들 앞에 서면 민망하고…… 그런데도 저는 왜 이렇게 서는 걸까요. 왜 이렇게 고백하는 걸까요. 그냥, 더 칭찬받고 싶어서? 뭐, 그런 게 이유가 될 수도 있겠지만, 내가 나를 버티고 싶어서 그런 거 같아요. 내가 날 죽이고 싶지 않아서. 내가 거울을 봤을 때, 얼굴은 멀끔해도 내 마음에 묻은 여드름 100개쯤 난, 그런 애처럼 내 자신을 돌아보고 싶지 않은, 거울을 보고 싶지 않은, 그런 사람으로 살아갈 수가 없어서……."

양심良心. 어질 양良 자를 쓰는, 너그럽고 착한 마음이 향하는 상대는 주로 남이다. 부모님, 친구, 동료에게 향하는 그 마음은 처음 보는 할머니, TV 화면에 나오는 배고픈 아이들에게 향하기도 한다. 그리고 '약자에게 약한 그 마음'을 행동으로 옮기지 못했을 때 찔리기도 한다. 유아인 씨는 방송에서 "그 친구에게 내 방식대로 사과할 수 있다면, 저 깊숙이 남은 영웅 심리 같은 것으로 소수에 파고 들어가 조금은 피곤한 삶의 짐을 지는 것도 나쁘지는 않겠다고 생각한다"고 말했다.

이런 마음, 양심을 가리켜 맹자는 '측은지심惻隱之心'이라고 했다. 그리고 인간은 남을 불쌍하게 여기는 착한 마음을 타고났다고 했다. 반대로 성악설의 거두 순자는, 인간은 무언가를 탐내는 마음을 타고났다고 했다. 그 욕심을 멋대로 부리도록 내버려둬서는 안 된다고 했다. 그들 말대로 인간은 이기적이기도 하고 이타적이기도 하다. 분명한 점은 욕심과 양심 사이에서 지렛대 역할을 하는 마음이 바로 '염치'란 것이다. 욕심이 커지면 커질수록 그만큼 양심의 무게는 가벼워지기 마련이다. 그 불균형이 심각한 경우를 두고 '몰염치'라 한다. '파렴치'라고 한다. '무치無恥'라는 말도 있다. 아예 부끄러움이 없는 사람을 두고 '낯가죽이 두껍다(후안무치厚顔無恥)'고 하는 것도 그래서다.

자신의 욕심에 부끄러움을 느끼지 못하면 염치가 없는 것이다. 자신의 양심에 찔려 부끄러움을 느낀다면 염치가 있는 것이다. 그리고, 당신의 염치는 전염된다.

자화상

울산지방법원 박주영 부장판사와 '염치'를 주제로 대화를 나눴다. 〈오마이뉴스〉를 통해 그 이야기를 내보내고 독자 반응이 궁금해 댓글을 읽어 내려가고 있었다. 그러다 딱 멈췄다. "미쳐 돌아가는 세상에서 염치가 무슨 ㅋ."

마치 귀에 대고 말하는 듯했다. 또 누군가의 댓글에도 한참 머물렀다. "지금 이 시대는 몰염치 시대 아니냐"고 했다. 그래 보인다. 뉴스만 보면 몰염치하고, 파렴치하고, 후안무치한 일이 부지기수다. 전두환 전 대통령만 봐도 그렇다. 5.18 민주화운동 당시 계엄군 헬기 사격을 증언했던 고 조비오 신부를 두고 파렴치하다고 했던 사람이 전두환 전 대통령이다. 세상을 떠나면서 통장에 한 푼도 없었던 사람에게, 유품이라고는 닳아빠진 양복과 이부자리, 책상 두 개 정도가 전부였다는 이에게 그가 할 말은 아니지 않나. 23년이 넘도록 1,000억 원이 넘는 추징금을 내지 않아도 아무런 처벌을 받지 않는 사람이 말이다. 이 하나만 봐도 몰염치 시대인 것 같다. 미쳐 돌아가는 세상으로 보인다.

게다가 살아내기 참 팍팍한 세상 아닌가. 훌륭한 스펙을 갖고 있어도 취직이 어렵다고 한다. 청년 실업자가 많다. 결혼을 하기 어렵고 아이도 낳기 어려운 세상이다. 그리고 누군가는 이런 세상을 스스로 버린다. 하루에 서른일곱 명 이상이 스스로 목숨을 끊는다. 아이들은 아이들대로, 학생들은 학생들대로, 또 그들의 부모는 부모대로, 결혼한 사람, 그렇지 않은 사람, 나이든 사람, 젊은 사람, 모두, 삶을 살아내기 힘들다. 그러니 대체, 무슨 염치인가.

그런데 아닌 것 같다. 앞서 소개했던 〈도올아인 오방간다〉 제작진은 이런 질문을 던졌다.

"살아가는 데 염치를 아는 것이 중요하다고 생각하나요?"

응답자 중 99.2퍼센트에 이르는 사람들이 "그렇다"고 답했다. 몰염치 시대라면 나올 수 없는 숫자다. 다시 지하철을 떠올려봐도 미쳐 돌아가는 세상, 아니다. 그 복작복작한 공간 안에서도 열에 아홉은 '나'에게 불편함을 주지 않는다. 그 덕분에 학교를 갈 수 있고 직장도 갈 수 있는 거다. 앉으면 앉은 사람대로, 서 있는 사람은 서 있는 사람대로, 그저 세상의 진동에 따라 흔들리고 있을 뿐이다.

지하철은 그런 곳이다. 인간 사회를 지키는 질서의 바탕에 염치라는 마음이 있다는 것을 확인할 수 있는 장소다.

전염

2015년 가을이었다. 국내 한 유명 커뮤니티에 '부산 ○○아파트 갑질'이란 제목의 게시물이 올라왔다. 사진 두 장이 함께 있었다. 경비원으로 보이는 사람의 자세는 그야말로 공손했다. 양손을 허벅지에 붙인 전형적인 차려 자세. 그 상태로 그는 90도로 고개를 숙여 인사했다. 학생으로 보이는 사람이 그런 인사를 받고 있었다. 교복 차림에 가방을 멘 채였다.

게시자의 글은 단 세 문장. 그는 "약 두 달 전부터 나이 많은 경비 할아버지들이 출근하는 주민들에게 인사를 시작했다"고 했다. "다른 아파트는 출근 시간에 경비가 서서 인사하던데 우리는 왜 시키지 않느냐"는 몇몇 주민의 지속적인 항의가 있었다고 했다. 그에 따라 대표회의 지시 사항으로 시작된 것이라고 전했다. 그리고 그는 마지막 문장을 통해 이런 질문을 던졌다.

"이런 상식 밖의 갑질, 어떻게 생각하시나요?"

이 짧은 글에 수백 개의 답이 쏟아졌다. 사람들은 화를 냈다. 천한 짓이라고 했다. 말이 안 나온다고 했다. 미쳐 돌아간다고도 했다. "오색빛깔 지X"이란 격렬한 표현도 눈에 띄었다. 그중 어떤 이는 "여기 사는 사람"이라고 밝혔다. "쪽팔려서 얼굴을 들 수가 없다. 몰랐던 게 더 쪽팔리다"고 했다. 누군가도 이런 댓글을 남겼다.

"부끄럽다, 진짜."

언론사에 제보했다는 '인증 댓글'이 출현했다.

다음 날 아침, 곧장 뉴스들이 나오기 시작했다. 더 많은 사람이 화를 냈다.

그리고 같은 날 밤, 해당 커뮤니티에 '부산 갑질 논란 아파트 102동 엘리베이터에 붙은 학생 글'이란 제목의 게시물이 다시 올라왔다. 누군가 학생이 붙인 '대자보'를 촬영해 올린 것이었다. 그 글에는 누군가의 잘못에 화를 내기보다는 스스로를 돌아보고 부끄러워하는 마음이 담겨 있었다.

"안녕하세요. 102동에 사는 한 학생입니다. 아침에 지하철을 타고 학교에 갈 때 항상 지하 2층 주차장을 통해 지하철로 가는데, 얼마 전부터 경비 아저씨들께서 아침마다 통로 앞에서 오가는 사람들에게 90도로 인사를 하시더라고요. 그분들보다 한참 어린 저는 당연히 경비 아저씨 앞을 지나갈 때마다 마음이 편치 않았고, 갑자기 그런 일이 시작된 이유를 몰랐기 때문에 뭔가 죄스러운 마음으로 저도 그분들께 90도로 인사드리기만 했습니다. 그런데 인터넷에서 우리 아파트의 이러한 행태에 관련한 글이 이슈가 되어 읽어보니, 아파트 대표회에서 몇몇 분들이 왜 우리 아파트는 출근 시간에 경비가 인사하지 않느냐고 지속적으로 컴플레인을 걸어 이러한 일이 시작되었다고 하더군요. 너무 부끄럽습니다. 이 일이 제가 사는 곳에서 일어난 것도 부끄럽고, 이러한 문제가 온라인에서 이슈가 되기 전까지 아무런 행동을 취하지 않았던 스스로도 부끄럽습니다. 기사로만 보던 '갑질'이 우리 아파트에서도 일어날 줄은 정말 몰랐네요. 만약 이게 사실이라면 회의에서 지속적으로 이 안건을 제시하셨다는 분들은 본인의 부모님께서 이런 일을 겪으시면 기분이 어떨지, 본인의 생각이 얼마나 짧았는지 생각해보셨으면 좋겠고, 사실이 아니라 해도 경비 아저씨들이 아침마다 나와서 사람들에게 인사하시는 일은 없었으면 좋겠습니다."

그리고 충고했다.

"존중받고 싶으면 먼저 남을 존중하면 됩니다."

부탁도 남겼다.

"빠른 시일 내에 이 문제가 해결되길 바랍니다."

학생은 당당했다. "11월 12일 목요일에 자체 수거하도록 하겠다"면서 "상업적 광고를 목적으로 한 자료가 아니니 가능하다면 강제로 수거되지 않았으면 좋겠다"는 바람도 함께 덧붙였다.

그 학생의 모습을 상상해봤다. 자신의 글을 출력한 큼지막한 종이를 들고 엘리베이터에 들어섰을 것이다. 혼자였을까, 누가 함께 있었을까. 102동에서 나오는 길에 붙였을까, 집으로 들어가는 길에 붙였을까. 그의 방에 있는 프린터로는 그렇게 크게 인쇄할 수 없었을 수도 있다. 앞서 대형 출력 인쇄소를 들렀을지도 모른다. 그 전에는 글을 썼을 것이고, 또 그 전에는 컴퓨터를 켰을지 모른다.

지렛대

컴퓨터를 켜기 전 그의 마음은 어땠을까. 앞서 그 학생의 마음 또한 이 일을 접한 많은 사람과 크게 다르지 않았을 것이다. 화가 났을 것이다. 하지만 학생은 거기에서 한 발 더 나아갔다. "이러한 문제가 이슈되기 전까지 아무런 행동을 취하지 않았던" 자신의 옳지 못함을 부끄러워했다. 그리고 그 부끄러움을 용기로 바꿨다. "안녕하세요"로 시작하는 그의 글에서 씩씩하고 굳센 기운이 느껴지는 것도 그래서일 것이다.

그 기운은 퇴근길 엘리베이터에서 이 글을 접한 누군가의 마음을 움직였다. 102동 학생의 글을 인터넷에 올린 그는 "허락받지 않고 글을 올려 용기 있는 학생에게 또 한 번 미안하다"고 했고, "다음에는 어른들이 애초에 이런 일이 안 생기도록 하겠다"는 다짐도 남겼다. 학생의 염치, 부끄러움을 아는 그 마음이 어른에게 옮아갔고, 사진을 찍고 커뮤니티에 글을 올리는 행위로 다시 이어졌다.

비슷한 일이 2019년 연말에도 있었다. 역시 아파트에서 벌어진 일이었다. 아파트 관리소장 명의로 "배송 관련 수레 사용을 금지한다. 수레 사용으로 인한 소음으로 입주민이 고통

받고 있다"는 안내문이 아파트 게시판에 붙었다. 그러자 누군가 항의했다. "10층은 그대로 수레 사용해주세요, 그게 우리의 민원임"이라고 포스트잇에 적어 안내문 위에 붙였다. 이를 보고 또 다른 누군가가 용기를 냈다. "전 괜찮던데요? 수레 소음 상관없습니다." 어린이도 용기를 냈다. "초등학생이에요. 함께 사는 공동주택이라고 배웠어요. 이제까지 수레 소리로 불편한 적 없었어요. 택배 아저씨 정말 고생 많으신데 힘들게 하지 마세요!! That's OK!"

그리고 그 소식을 전하는 뉴스에는 이런 댓글도 있었다. "역시 조용한 대다수는 정상인데, 시끄러운 소수가 늘 난리 친다. 조용했던 사람들이 저렇게 한마디씩만 보태주면 분위기가 완전히 바뀐다"고 했다. "그래도 생각 제대로 박힌 사람이 대부분"이라며 "정신 나간 몇몇 미꾸라지 때문에 세상이 시끄러운 거야. 맞아, 그거야"라고 소감을 남긴 사람도 있었다.

맞다, 그거다. 대부분의 사람은 염치를 지키고 산다. 다만, 너무나 당연하기에 도드라지지 않을 뿐이다. 각자 나름대로 욕심과 양심 사이에서 균형을 유지하려고 노력한다. 그렇기 때문에 누군가 '양심의 무게추'를 올리면 거기에 또 반응한다. 그렇게 인간 사회는 지켜졌고 또 한 발짝씩 앞으로 나아갔다. 당신의 염치는 귀하다.

세 친구의
인생을 바꾼
염치

그들의 출생지는 모두 명동촌이다.

그 마을에서 송몽규가 먼저 세상에 나왔다. 1917년 9월이었다. 그로부터 3개월이 흐르고 윤동주가 태어났다. 1918년 6월에는 문익환이 출생했다. 나라를 빼앗긴 조선 사람들이 모여 살던 그곳에서 셋은 함께 자랐다. 명동소학교와 은진중학교도 같이 다녔다. 셋은 삼총사처럼 몰려다녔다고 한다.

친구였지만 셋은 확연히 달랐다. 한 명은 리더(송몽규)였고, 한 명은 문학소년(윤동주)이었으며, 한 명은 빼어난 용모(문익환)를 자랑했다. 그들의 담임이었던 한준명 목사는 세 친구를 이렇게 회상했다.

"윤동주는 누가 조금만 꾸짖으면 금방 눈에 눈물이 핑 돌았지요. 송몽규는 늘 말 잘하고 엉뚱했고, 인물이야 문익환이가 제일 훤했고⋯⋯."

《문익환 평전》을 통해 소개된 내용 역시 각자 개성이 뚜렷했음을 보여준다.

"문익환은 음악적 재능이 있어서 동요대회에서 상도 받고 피아노도 쳤다. 윤동주는 문학에 특별한 재주가 있었고, 송몽규는 연설을 잘했으며 정치적 리더십이 두드러졌다."

그런데 훗날 문익환 목사는 셋의 관계를 '열등감'이란 단어로 표현했다.

"송몽규는 중학교 3학년 때(1935년)《동아일보》신춘문예 '꽁트'에 당선된 경력을 갖고 있다. 동주는 '대기는 만성이지'라는 말을 가끔 했다. 그건 몽규를 의식하고 하는 말이었다.", "나(문익환)는 동주가 나보다 한 발 앞선다는 것을 느끼고 열등감을 가졌고, 그 동주는 또 자기보다 송몽규가 매사에 한 발 앞서는 것을 느껴서 송몽규에 대한 열등감을 갖고 있었어요. 동주가 벼르던 말 '대기만성'을 뒤집어보면 '현재는 내가 너에게 뒤지고 있다'는 걸 인정하는 것이지요."

윤동주는 송몽규에게, 문익환은 그 윤동주에게 '열등감'을 느꼈다는 것이다.

이런 관계를 잘 보여주는 일화가 있다. 숭실학교 시절 문예

지 편집 일을 맡았던 윤동주는 문익환에게 시를 한 편 써내라 했다. 그래서 한 편 써냈더니 되돌려주며 윤동주가 한마디 했단다.

"이게 어디 시야?"

문익환 목사는 "그 이후로 시는 나와 관계없는 것이 되어버리고 말았다"고 했다. 참으로 묘한 삼각관계다.

열등감은 어찌 보면 부끄러움이다. '상대에게 못 미친다'는 인정이다. 누군가에 다다르지 못해 '스스로를 부끄러워하며 느끼는 마음', 수치심의 일환이다. 그렇다고 이들의 열등감에 패배감이 섞여 있는 건 아니었다. 윤동주가 했던 말 '대기만성'에서 읽히듯 '언젠가는 이기리'라는 욕심도 숨어 있다.

또, '너와 나 사이의 간극'에 대한 부끄러움은 그 차이를 좁히기 위한 '행동'으로 이어졌다.

동주와 몽규의 길

송몽규는 윤동주를 움직이게 했다.

1935년, 송몽규의 《동아일보》 신춘문예 당선 후 윤동주는 자신의 시에 완성일을 적어 보관하기 시작했다.《윤동주 평전》을 쓴 송우혜 작가는 "윤동주가 '자기 작품'을 소중히 챙기고 그것을 쓴 날짜를 명기해가며 정리하기 시작한 것이, 시기적으로 보아 송몽규의 신춘문예 당선에서 받은 문학적 자극과 곧장 연결된다"라고 적었다. 역사적으로 소중한 윤동주의 주요 족적이 친구 덕분에 만들어진 셈이다.

그해, 윤동주와 송몽규의 길은 또 한 차례 갈렸다. 송몽규는 학업을 중단하고 중국 난징으로 건너가 김구가 광복군을 양성하기 위해 세운 '중국중앙육군군관학교 한인특별반' 2기생으로 입학한다. 이후, 독립운동에 투신했고, 1936년 4월 일본 경찰에 잡혀 5개월간의 고초를 겪었다. 송몽규는 투사가 됐다. 그의 길은 과감해 보였다.

그에 비하면 평범한 학생이었던 윤동주를 둘러싼 상황은 복잡했다. 1935년 한 학년을 유급하고 어렵사리 숭실학교에 입학했지만 신사참배에 저항하며 자퇴를 택했다. 그렇다고 학문을 놓을 수는 없었다. 1936년 4월 광명학원 중학부에 편입했다. 모든 과목을 일본어로 가르치는 곳이었다. 윤동주와 함께 광명학원에 편입한 문익환은 "솥에서 뛰어 숯불에 내려앉은 격이었다, 일인 선생들은 눈알이 제대로 박힌 학생들이면 만주육군사관학교(일제의 대륙 침략 도구였던 군대)에 보내려고 혈안이 돼 있던 학교였다"고 회상했다.

숯불에 내려앉은 윤동주는 시를 썼다. 송몽규처럼 박차고 나서지도, 그렇다고 일제의 억압에 마냥 숨죽일 수도 없었던 '어정쩡함'에 괴로워했다. 그 마음을 고스란히 적었다. 그는

1936년 6월 10일에 적은 시 〈이런 날〉을 통해 "이런 날에는 잃어버린 완고하던 형을 부르고 싶다"고 했다. 송우혜 작가는 "완고한 형을 송몽규를 지칭한 것으로 본다면, 윤동주는 송몽규의 완고함, 즉 불이익을 개의치 않고 신념을 과감하게 추진하는 행동력을 마음 깊이 기리고 있었다고 풀이할 수 있다"고 했다.

송몽규는 윤동주를 부끄럽게 했을지도 모른다. 문학평론가 전규태는 "윤동주의 부끄러움은 자신만 행복하게 살 수 없다는 뼈아픈 자각의 표현"이라고 했다. 1942년 1월 29일, 윤동주는 '히라누마 도오쥬'가 되었다. 일본 대학 진학을 위해 일본식 개명을 택했다. 창씨개명계를 제출하기 5일 전 그는 시 〈참회록〉을 썼다.

파란 녹이 낀 구리거울 속에
내 얼굴이 남아 있는 것은
어느 왕조의 유물이기에
이다지도 욕될까.

그리고 이렇게 적었다.
"만 이십사 년 일 개월을 무슨 기쁨을 바라 살아왔던가."
창씨개명을 앞두고 자신의 얼굴을 들여다보며 윤동주는 그렇게 참혹함을 곱씹었던 것이다.

　창씨개명이란 치욕을 무릅쓰고 1942년 4월 윤동주는 도쿄 릿쿄대학에 입학했다. 그때 느낀 부끄러움은 1942년 6월 3일에 쓴 시 〈쉽게 씌어진 시〉에 또한 잘 나타난다.

　　인생은 살기 어렵다는데
　　시가 이렇게 쉽게 씌어지는 것은
　　부끄러운 일이다.
　　(중략)
　　등불을 밝혀 어둠을 조금 내몰고
　　시대처럼 올 아침을 기다리는 최후의 나

　어떤 결심에서였을까. 그해 가을학기가 시작되기 전, 윤동주는 송몽규가 있는 교토로 갔다. 1935년 중국에서 체포된 이후 일본 경찰의 블랙리스트에 올라 늘 감시당하던 송몽규와 의기투합한 것은 윤동주 스스로 경찰 감시망에 걸어 들어간 결과를 낳았다. 혹여, '이러지도 저러지도 못하는 어정쩡함'에서 벗어나려는 결단에서 비롯된 것이라면, 그건 무서운 일이었을 것이다.

　　거 나를 부르는 것이 누구요.

가랑잎 잎파리 푸르러 나오는 그늘인데,
나, 아직 여기 호흡이 남아 있소.

한 번도 손들어 보지 못한 나를
손들어 표할 하늘도 없는 나를
어디에 내 한 몸 둘 하늘이 있어
나를 부르는 것이오.

일일 마치고 내 죽는 날 아침에는
서럽지도 않은 가랑잎이 떨어질 텐데……

나를 부르지 마오.

_윤동주, 〈무서운 시간〉

이 시에 대해 《윤동주 평전》을 쓴 송우혜 작가는 "'역사'라는 것, 그것이 그를 부르는 소리와 그 부름에 응답해야만 할 사명 감을 온몸으로 느낀 것"이라 평했다. "부르지 말라는 것은 결국 부름에 응답할 수밖에 없음이 전제된 것"이라고도 했다.

1943년 7월, 송몽규와 윤동주는 체포됐다. 한국인 유학생을 모아놓고 조선의 독립과 민족문화의 수호를 선동했다는 협의였다. 그들은 "어둠을 내몰" 내일을 보지 못했다. 윤동주는 1945년 2월, 송몽규는 한 달 뒤인 3월 후쿠오카 형무소에서 생을 마감했다. 광복을 고작 몇 개월 남겨둔 때였다.

혼자 남은 늦봄의 길

두 친구의 비보를 듣고 문익환은 경악했다.

"문익환은 자신이 역사의 구석지에 버려져 있는 것을 느꼈다. 윤동주, 송몽규의 진로에 비추어 자신의 선택은 형편없이 초라한 것이었다. 문익환은 절망감에 빠졌다. 지식인은 현실 속에서 생각하는 것이 아니라 생각하는 것을 그만두어야 비로소 행동할 수 있게 된다. 윤동주는 가정 형편도 어려운 데 고비마다 실패하며 꿈의, 시의 길을 가고 있었다. 그에 반해 그 문익환의 영혼은 아직 현실의 복판을 맛보지 못하고 있었다."

윤동주가 교토로 옮겨가던 즈음, 문익환은 일본의 강제징병을 피해 만주 봉천신학교로 돌아갔다. 이 선택은 삶과 죽음을 갈랐다. '삼총사'였으나 둘은 죽었고, 문익환만 남았다. 문 목사는 "아, 나만 빠져나와버렸구나!"라며 자책했다. 강제징병에 맞서 싸우지도, 탈출하지도, 견디지도 못한 채 도망친 자신이 부끄러웠다. 그러나 이런 부끄러움이 불의와 맞서는 용기로 바뀌는 데는 오랜 시간이 걸렸다. 그는 그 후로도 30여

년간 신앙인으로서의 삶을 살아냈고, 신학자로 남았다.

그런 그가 '거리의 목사'가 된 것은, 또 다른 벗 장준하의 죽음이 결정적이었다. 박정희 정권 시절 민주화운동에 투신했던 장준하가 의문의 죽음을 당하자 그는 분노에 휩싸였다. 문익환은 장준하의 관 앞에서 "네가 하려다 못 한 일을 내가 하겠다"라고 약속했다.

"조사弔詞(죽은 사람을 기리고 그의 죽음을 슬퍼하는 뜻을 나타내는 글이나 말)를 하는 사람 중에 유난히 박정희 유신독재를 호되게 비판하는 이가 있었다. 바로 문익환 목사였다. 그 얼굴과 목소리는 기독교회관 강당 뒷자리의 그 부드럽고 유순한 모습과는 하늘과 땅만큼이나 달랐다."

1975년 8월 21일, 장준하 영결식에서 문익환은 이미 다른 사람이 돼 있었다.

"친구 장준하의 의혹 넘치는 죽음을 계기로 문익환 목사는 드디어 얌전한 목사, 책상머리의 구약성서 번역자에서 벗어나 한국 사회를 향해 분노를 내지르고 새로운 세상의 빛을 뿌리는 예언자로 나선다. 그는 스스로 아호를 '늦봄'이라고 지었다. 여기서 봄이란 계절을 말하는 것이 아니라 '눈뜸'을 의미하는 '봄'이었다. '세상을 뒤늦게야 보았다'는 탄식과 반성의 의미로 지은 아호였고, 먼저 깨닫고 행동했던 친구들의 뒤를 잇겠다는 다짐의 작명作名이었다."

문 목사의 막내아들, 배우 문성근은 2009년 MBC 〈무릎팍 도사〉에 출연해 아버지가 윤동주, 장준하의 죽음에 부채의식이 있었다고 했다.

"윤동주, 장준하에 대한 부채가 당연히 있으셨겠죠. 윤동주 죽고 장준하 죽었으니 이제 내가 죽을 차례, 그런 것이었겠죠."

《문익환 평전》을 쓴 김형수 작가는 "문익환이 윤동주에게 느꼈던 문학적 콤플렉스는 그를 시인으로 만들었고, 장준하에게서 느꼈던 사회적·정치적 실천에 대한 콤플렉스는 그를 재야 운동가로 만들었다"고 했다.

죽음을 각오하고 종교 밖 세상을 정면으로 응시한 때가 이미 59세였다. 원로의 문 목사는 77세에 별세하기까지 18년 가운데 11년 반을 옥살이했다. 민주화, 통일운동의 결과였다. 윤동주와 장준하를 어깨에 이고 뒤늦게 세상에 맞선 문 목사는 민주화운동이 한참이던 1987년 즈음, 〈동주야〉라는 시를 남겼다.

> 너는 스물아홉에 영원이 되고
> 나는 어느새 일흔 고개에 올라섰구나
> 너는 분명 나보다 여섯 달 먼저 났지만
> 나한텐 아직도 새파란 젊은이다
> 너의 영원한 젊음 앞에서

이렇게 구질구질하게 늙어 가는 게 억울하지 않느냐고
그냥 오기로 억울하긴 뭐가 억울해 할 수야 있다만
네가 나와 같이 늙어가지 않는다는 게
여간만 다행이 아니구나
너마저 늙어간다면 이 땅의 꽃잎들
누굴 쳐다보며 젊음을 불사르겠니

그의 노년은 '행동' 그 자체였다. 정부 허가 없이 평양 땅을 밟은, 분단 역사상 가장 문제적 방북을 한 이도 문 목사였다. 1989년 3월 25일, 평양 인근 순안공항에서 문 목사는 도착 성명을 발표했다. 다시 찾아온 그 봄날, 그의 입에서 친구들 이름이 나왔다.

"오늘을 우러러, 하늘을 우러러 한 점 부끄러움 없는 삶을 살고자 하면서 민족에 대한 사랑을 끝까지 버리지 못함으로써 일제시대 옥중에서 목숨을 잃은 시인 윤동주는 저의 죽마지우였습니다. 우리 민족의 지상의 과제는 통일이며 아무런 조건 없이 통일이라는 그것이 어떠한 형태의 것이든 선이라고 절규하면서 독재자의 손에 암살당한 장준하는 나의 둘도 없는 마음의 벗이었습니다."

문 목사는 거듭 "우리는 이제 '하늘을 우러러 한 점 부끄러움이 없기를' 바랐던 윤동주의 말, '모든 통일은 선'이라고 외쳤던 장준하의 마음을 스스로의 마음으로 하면서 김일성 주석을 만나고자 한다"고 밝혔다.

2017년, 영화 〈1987〉이 개봉했다. 문 목사는 영화의 엔딩 크레딧에 등장한다. 이한열 열사 장례식 장면이다. 문 목사는 연단 위에 서 열사 26명의 이름을 절규하듯 외쳤다. "전태일 열사여!"로 시작해 "이한열 열사여!"로 끝난다. 문재인 대통령은 바로 다음 해인 2018년 1월, 문익환 목사 24주기 추모식에서 영화 속 그 장면을 언급했다.

"영화에서 목사님을 뵈었습니다. 이한열 열사의 장례식 하루 전, 진주교도소에서 출감한 목사님이 26명의 열사 이름을 온몸으로 부르고 계셨습니다. 1987년 6월의 뜨거운 눈물이 다시 흘러내렸습니다. (중략) 1976년 3.1 구국선언으로 터져나와 1994년 1월 18일 잠드실 때까지 용솟음친 민주와 통일의 꿈도 기억하고 있습니다. 평화와 통일, 번영을 위한 이정표를 굳건히 세우셨습니다. 목사님께서 세우신 이정표를 따라 국민의 나라, 평화와 번영의 한반도를 향해 흔들림 없이 걷겠습니다."

마술

'동방, 곧 한반도를 밝히는 곳.'

명동촌明東村의 뜻이었다. 독립운동가 김약연이 지은 마을 이름이었다고 한다. 그 마을에서 송몽규, 윤동주, 문익환이 태어났다. 투사 송몽규의 삶은 시인 윤동주를 부끄럽게 했고, 그로 인한 고뇌는 시로 승화되어 문익환을 또한 찔리게 했다. 그들이 느낀 부끄러움은 체면이 깎이는 그런 것이 아니었다.

김형수 작가는 "문익환이 콤플렉스를 자랑했다"고 전한다. "도달할 수 없는 삶의 경지를 한껏 부러워해놓고 어느 날 홀연히 자신이 더 높이 도달해버리는, 타자 숭배의 마술사였다"고 했다.

욕심과 양심 사이에서 그들은 떳떳하려고 했다. 그리고 양심의 지렛대를 들어 올리는 선택을 했다. 친구들 사이에서 돌고 돌았던 염치가 세기를 달리 하며 많은 사람에게 옮아갔다.

아버지를
고발한 아들,
그 사회적 전염

~~~~~~~~~~~~~~~~~~~~~~~~~~~~~~

임종국이 물었다.

"아버지, 아버지 이름을 빼고 쓸까요?"

글을 쓰려고 옛 신문을 뒤지다가 아버지 이름을 본 아들의 질문이었다. 그 신문에는 부친의 친일 행적이 나와 있었다. 아들은 일제강점기 이야기를 쓰고 있었다.

앞서 아들의 삶은 파란만장했다.

아버지의 뜻에 따라 갔던 농업 고등학교는 일찌감치 중퇴했다. 선생님이 되겠다며 사범학교에 갔고, 첼로를 배우겠다고 음악 학교도 기웃댔다. 아들은 재능이 많았고 머리가 좋았다. 대학교에 들어가서는 판사나 검사가 되겠다고 했다. 떵떵

거리며 살고 싶다고 했다. 그의 바람은 이뤄지지 않았다. 대학교를 중퇴했다. 그의 집은 가난했다. 아들은 좌절했다.

그런 아들의 마음을 어루만진 것이 문학이었다.

시인 이상을 파고들었다. 전국 각지에 흩어져 있던 이상의 작품을 모았다. 도서관을 돌아다니며 신문과 잡지를 뒤져 이상의 작품 연보를 정리했다. 세상에 《이상 전집》을 내놓았다. 문학계에서 그를 주목했다. 큰 출판사에 취직이 됐고, 직장에서 만난 여성과 결혼에도 성공했다. 하지만 아들의 행복한 시간은 그리 오래가지 않았다. 부인과 헤어졌다. 잘 다니던 회사도 그만뒀다.

아들의 인생이 다시 갈지자를 걷기 시작했다. 어느 날은 길거리에서 기타를 치면서 약을 팔았다. 또 어느 날은 동대문시장에서 참빗을, 또 어느 날은 산동네를 돌아다니며 아모레 화장품을 팔았다. 그렇게 세상을 부유하던 아들이 다시 손에 펜을 쥐었다. 한 시대를 풍미했던 학자, 문인, 예술가들의 이야기를 신문에 연재하기 시작했다.

아들은 열성적이었다. 다시 도서관을 돌아다니며 숨은 기록들을 뒤져나갔고 동시에, 잘 알지 못했던 사실에 점차 눈을 뜨기 시작했다. 그가 뒤진 기록에는 또 다른 얼굴들이 숨어 있었다. 문단에서 대가로 알려진 사람들, 그중 상당수의 부끄러운 과거. 그들은 성스러운 전쟁을 외쳤고, 내선일체를 예찬

했다. 해방 이후 오랜 시간 우리 사회가 애써 외면하던 치부였다. 아들은 그걸 세상에 드러내고자 했다.

그리고 묻고 있는 것이었다. 아버지의 과거를 어떻게 하면 좋겠냐고. "내 아버지라고 뺀다면 다른 사람 것도 다 안 써야하는 거 아니냐"고.

공정하지 않다는 말이었다. 아들이 답을 기다리고 있었다.

자화상

1966년, 광복절을 앞두고 책이 나왔다.

책 이름은 《친일문학론》. 그 표지 그림부터 독특했다. 그림 가운데 흰색 원이 자리하고 있다. 검은색 구멍이 세 개 뚫려 있어 해골처럼 보이기도 하는 원을 중심으로 거미줄 모양의 방사선이 사방으로 뻗어 있다. 중심에서 멀어질수록 옅어지는 그 색깔은 불그죽죽하다. 그림 이름은 판도版圖. 어떤 세력이 미치는 범위나 영역을 뜻한다. 책의 내용을 상징하는 듯한 그림이었다.

다음은 서문. 표지를 넘기면 나타나는 그 글 또한 이색적이다. 이런 물음으로 시작한다.

"독자들이 제일 궁금하게 생각할 것은 이 책을 쓴 임종국이는 친일을 안 했을까? 이것이 아닐까 한다."

그리고 저자는 자신의 과거를 이야기하기 시작했다. 글의 제목은 '자화상'이었다.

그 자화상에는 이웃에 살던 일본 소녀에게 연정 비슷한 걸 품었던 소년의 얼굴이 있었다. 강제로 동원된 노동 현장에서 총검술을 배우던 청년의 얼굴도 담겼다. "배낭에 99식 총과 대검을 찬 상급생들"이 장해 보였다고 했다. 무지에 가득 찬 것으로 보이는 장면도 굳이 생생하게 되살려냈다.

"얘! 너 그, 김구 선생이라는 이가 중국 사람이래!"

"그래? 중국 사람이 뭘 하러 조선엘 오지?"

"이런 짜아식! 인마 것도 몰라! 정치하러 온대."

"정치? 그럼 우린 중국한테 멕히니?"

부끄러움을 느낀다고 고백했다. 임종국은 "요즘 열일곱 살에 비해 그 무렵 내 정신 연령이 몇 살쯤 되었을까 생각해본다"고 했다. 식민지 교육 밑에서 당연한 줄로만 알았던 것들에 대해 한번도 이상하게 생각해본 적이 없었다고 했다. 스스로를 '천치天痴(어리석고 못난 사람)'에도 빗댔다.

그리고 우리 역사의 '자화상'을 그려나가기 시작했다. 그의 《친일문학론》에는 모두 세 가지 얼굴이 담겨 있다.

세 얼굴

먼저 양심을 버린 자의 얼굴이다.

"처얼썩 처얼썩 척 쏴아아"로 시작하는 〈해에게서 소년에게〉를 지은, 현대시의 효시라고 배웠던 그 사람, 육당 최남선이 친일파라고 했다. 한국 근대문학을 연 작가라고 배웠던 춘원 이광수, 그는 "조선인은 조선인임을 잊어야 한다"며 "아주 피와 살과 뼈가 일본인이 되어버려야 한다"고 주장했던 이였다. 이들만이 아니었다. "한국 최초의 서사시를 쓴 사람이 누구일까?"란 질문에 답하려고 달달 외웠던 〈국경의 밤〉의 김동환, 〈메밀꽃 필 무렵〉 하면 떠오르는 이름 이효석, 〈배따라기〉, 〈감자〉를 쓴 그 유명한 김동인 등, 이들은 모두 어떤 이유로든 염치를 버렸다.

임종국은 친일 행위 유형을 몇 가지로 나눠 책에 정리했다.

"제 나름 신념"에 따라 친일 행위를 한 대표적 유형의 대표적 예는 이광수였다. "양심적으로는 친일을 허락하지 않으면서도 주위의 강권에 못 이긴" 경우도 적지 않았다고 했다. "숭어가 뛰니 망둥이가 뛴다는 격으로 친일한 사람"에게는 "그들의 양식에 회의를 표명하겠다"고 했고, "탄압을 면하기 위해, 생명에의 미련 때문에" 친일 행위를 한 유형에게는 "일말의 동정심을 표명하겠다"고 했다.

그리고 '악질'이란 표현을 쓴 유형이 있었다.

"그중 악질적인 분자가 명예욕과 출세욕을 위해서 친일한 사람이다. 누구라고 꼬집어서 쓸 처지는 못 되지만 이들은 이미 획득한 지위와 명예를 유지하기 위해서, 혹은 또 앞으로 더욱 명예와 지위를 획득하기 위해서 솔선수범하였다. 그저 맬 대로 하면 여기다 성명 석 자를 명기하고 규탄했으면 싶으나 이는 필자의 양식이 허락되지 않는 바라 이쯤 쓰고 말겠다."

욕심 때문에 양심을 버린 경우를 가장 못되고 나쁜 유형으로 지목했다.

그래서 《친일문학론》에 양심을 지킨 얼굴들이 나타나는 것은 자연스럽다. 임종국은 책 말미에 모두 열다섯 사람의 이름을 박아 넣었다.

김영랑, 박남수, 박두진, 박목월, 변영로, 오상순, 윤동주, 이병기, 이육사, 이희승, 조지훈, 한흑구, 홍노작(홍사용의 호), 황석우.

임종국은 "비록 지조를 지켰다는 이야기지만 이들의 이름이 이같은 책에서 언급된다는 사실 자체가 그들에게는 하나의 모욕일 것"이라고 미안해하면서도, "끝까지 지조를 지키며 단 한 편의 친일 문장도 남기지 않은 영광된 작가들도 적지 않았다"고 소개했다.

책이 나오고 2년 후 《동아일보》에 기고한 글을 통해서도 마찬가지였다.

"민족의 지도자라는 사람들이, 그리고 문화를 창조한다는 지성인들이 이렇게 권력의 앞잡이로 전락해가는 사태에 대해서 민족의 실망은 대단하였다. 이광수가 창씨개명하고 '팔굉일우'를 외치며 학병 출정을 고무할 때 민족은 이광수李狂洙라는 별칭을 증정하여 실망을 표명했다. (중략) 총독부 검열계에 취직한 이효석이 세종로 네거리로 내려오다가 문득 만난 사람이 이갑기. 이갑기는 다짜고짜로 험상궂은 얼굴을 짓더니 '너도 개가 됐구나' 하고 씹어뱉었다. (중략) 이런 세기의 소용돌이 속에서도 우리의 문학사는 전연 더럽혀진 것만은 아니었으니, 그것은 항일 문인의 수 또한 친일 작가에 비해서 적은 것은 아니기 때문이었다. 그중 대표 격인 사람이 이육사이며 윤동주랄까. 육사는 북경 감옥에서 옥사하였고, 윤동주는 후쿠오카 감옥에서 항일 반전사상으로 희생되었다. 그리고 그러한 사람들의 죽음이 있었기 때문에 오늘도 민족의 태양은 찬연히 빛나고 있는 것이다."

책에서는 "영광된 작가들도 적지 않았다"고 했고, 신문 기고를 통해서도 "항일 문인의 수 또한 친일 작가에 비해 적지 않았다"고 했다. 굳이 이렇게 '숫자'로 대비한 이유는 무엇일까. 양심을 지킨 얼굴, 양심을 버린 얼굴 그 모두가 우리 '자화상'에 있는 얼굴이란 점을 강조하기 위해서였을 것이다. 임종국은 "밝힐 것은 밝히고, 비판할 것은 비판하고, 버릴 것은 버리고, 취할 것은 취함으로써 우리는 우리의 문학을 살찌게 해야 할 것"이라고 했다. 버리려면 알아야 하고 취하려면 알아야 한다. 실재하는 두 얼굴 모두 말이다.

임종국이 서문 〈자화상〉에서 "나를 그토록 천치로 만들어 준 그 무렵의 일체를 증오하지 않을 수 없었다"면서 이렇게 툭 적었던 것도 그래서다.

"그러나 그 모든 것이 지나간 사실, 지나간 사실이기 때문에 지나간 사실로서 기록해 둘 뿐인 것이다."

그러니 그 얼굴이 담겨 있는 자화상에 침을 뱉을 필요는 없다. 임종국은 책에서 "친일문학은 감정적 비난의 대상이 되어서는 안 된다. 하물며 그것이 인신공격의 수단화가 된다면 오직 공격하는 자가 비열한 자일 뿐"이라고 주장했다. 당시 《동아일보》를 통해서도 "그들의 쓰라린 과거를 폭로한다기보다 취급되지 않았던 암흑문학을 문학사적으로 정리하기 위한 작업"이라고 분명히 선을 그었다.

다만 양심을 강조했다. "그들도 자기 이름이 박힌 자기 작품에 책임질 양심이 있어야 한다"고 했다. 지나간 잘못에 부끄러워할 줄 알며, 그 부끄러워하는 마음을 행위로 옮겨야 한다는 뜻이었다.

그 예가 책에 숨어 있다. 《친일문학론》에 담겨 있는 세 번째 얼굴. 그 얼굴은 자신을 아껴준 스승의 것이었으며, 또한 자신을 사랑하는 아버지의 것이기도 했다.

스승

임종국의 스승 조용만. 그 이름은 임종국이 앞서 썼던 《이상 전집》에 등장한다. 책의 서문을 써준 이가 조용만이었다. 문학계가 자신을 주목하게 만들었던 그 책. 임종국은 간행사를 통해 "끝으로, 본서의 출판을 위하여 많이 수고하여 주신 조용만, 조지훈 양 선생님, 유정 씨, 동인同人 인태성, 이황 양 형兩兄 그리고 김규동 씨, 윤호중 씨의 여러분들에게 삼가 고마움을 인사드린다"고 밝혔다. 임종국이 가장 첫 번째로 고마움을 표시한 사람이 조용만이다.

그 이름을 《친일문학론》에 올렸다. 책에서 임종국은 '작가 및 작품론'을 통해 모두 스물여덟 명의 작가를 집중 분석했다. 조용만은 스물세 번째로 등장한다. 스승의 작품 〈광산의 밤〉 줄거리를 소개한 후 임종국은 이렇게 설명했다.

"그 무렵 당국에 의해서 예의 강조되던 '응징사應徵士(징용에 응한 사람을 부르는 호칭)'의 후원과 증산 문제 그리고 지원병

동원 등을 취급한 희곡이었으며, 여기에 총후銃後(전쟁터 후방)의 어머니의 각오까지를 곁들여서 고양한, 소위 총후문학으로서는 거의 완벽에 가까운 작품이었다."

사실, 조용만은 앞서 이미 오래전 자신의 과거에 대해 반성하는 모습을 보였던 인물이다. 그는 1940년대 총독부 기관지《매일신보》학예부장 겸 논설위원이었으며,《매일신보》가 발행하는《사진순보》의 편집자로 일하기도 했다. 이들 신문은 이른바 '성전'을 홍보하고 이 땅의 사람들을 전쟁터로 내모는 데 앞장섰다. 그리고, 해방이 되고 한 달이 좀 지났을 때《매일신보》에는 새로운 발족을 다짐하는 사고社告가 실리는데, 다음은 그중 일부다.

"과거 다년에 걸쳐 그것이 비록 제국주의 일본의 억압에 의한 것이라고는 하나 우리가 총독 정치의 익찬翼贊(보도의 같은 말) 선전기관의 졸병으로서 범하여온 죄과에 대하여서도 동포 앞에 충심으로 사하여 마지않는 바다. 이에 대해서는 어떠한 엄정한 비판과 준열한 힐책이라도 이를 감수할 각오이거니와……."

'종업원 일동' 이름으로 실린 이 '반성문'을 쓴 사람이 조용만이었다. 그 후에도 여러 차례 그는 기고 글을 통해 '매신賣身(몸을 팖)'이란 표현을 써가며 자신의 과거를 부끄러워했다.

그리고 또 많은 시간이 흐른 뒤였다. 해방이 되고 20년이

지난 그 시점에 자신의 치부를 콕 짚어 갖고 온 제자. 그 앞에서 조용만은 부끄러워했다고 한다. 임종국의 막내 여동생 임경화 씨는 2016년 8월《오마이뉴스》와의 인터뷰에서 이렇게 말했다.

"선생님은 오빠에게 친일 행적을 시인하면서 부끄럽다고 고백하셨다고 해요."

어려운 일이다. 지나간 잘못에 부끄러움을 느끼지 못하는 경우도 허다하다. 부끄러움을 느끼는 그 마음을 고백이란 행위로 옮긴다는 것은 더더욱 어렵다. 앞서 자신이 했던 고백과도 그 성질이 달라 어떤 결과로 이어질지 자명했다. "자기 이름이 박힌 자기 작품"이 역사의 오점으로 명확히 남는 것이었다. 큰 용기가 필요한 고백이었다.

그 후에도 스승은 제자를 아꼈다.《친일문학론》이 출판되고 3년 후, 임종국은 두 번째 결혼을 했다. '낙원예식장'이란 상호가 선명한 결혼 기념사진. 신랑과 신부 뒤로 검은색 뿔테를 낀 사람이 보인다. 조용만이었다. 적어도 임종국에게는 달리 보였을 얼굴임에 분명하다. 그것은 지나간 잘못에 부끄러워하고 책임을 지려는 얼굴이었다.

조용만, 그의 이름은 현재 친일인명사전에 올라 있다.

　자신의 스승을 '고발'한 사실로 드러나듯, 임종국은 《친일
문학론》에서 죽은 자만 다루지 않았다. 당시 생존해 있는 문
학가들의 친일 전력도 만천하에 드러냈다. 그중 일부는 당시
문학계는 물론 정치적으로도 막강한 영향력을 갖고 있었다.

　"신사의 이른 아침"을 "일본의, 전 아시아의 무운을 비는 청
정한 아침"으로 표현했던 시인 모윤숙을 고발했다. 그는 당시
국제펜클럽 한국본부 부위원장이었으며, 책이 나오고 두 달
여 후 아시아반공대회 한국대표단으로 출국한다. 박정희 전
대통령 시절 8대 국회의원도 했던 문학계의 거물이었다. 김팔
봉도 고발했다. 소설가였던 그는 "대동아 전쟁은 침략의 전쟁
이 아니다"라고 주장했다. "가라!"고, "아들아, 군기 아래로"라
며 학병 지원을 권유했다. 김팔봉은 책이 나올 당시 재건국민
운동중앙회 회장을 맡고 있었다. '국민을 다시 일으켜 세운다'
는 이름의 이 단체는 5.16 쿠데타 이후 만들어진 관제 조직이
었다. 김팔봉은 당시 대통령과 '절친'이었다. 〈불놀이〉라는 시
로 잘 알려져 있는 주요한도 고발했다. 루스벨트와 처칠을 방
화범에 빗대기도 한 그는 조선인 징병제 실시를 두고는 "오늘
의 처우 개선은 1억 동포가 다 같이 기뻐할 성사"라며 "미영
을 격멸할 결의를 높이자"고 주장했다. 주요한은 박정희 정권

에서 상공부장관을 역임했던, 역시 사회 지도층이었다.

그 얼굴이 낯설었다. 믿기 어려운 이야기였다. "교과서에 위인이나 애국자나 위대한 학자 또는 문인, 예술가라고 적혀 있는 인물들은 거의 모두 친일파"였다.

책이 나왔을 당시 《경향신문》은 "이색 책자"라고 표현했다. "자의든 타의든 일제에 찬동하고 내선일체와 황민화에 붓을 들고 혀를 놀렸던 문인들. 이제 그들의 개인적인 공과와는 관계없이 작품으로 본 친일의 내용이 임씨에 의해 소상하게 정리된 것"이라고 하면서도 그렇게 적었다.

《친일문학론》을 발행한 평화출판사 사장(현재 진선출판사 회장)은 당시 상황을 이렇게 돌아봤다.

"신문에 5단 광고를 실어도 반응이 없었습니다. 협박, 항의 같은 것도 없었습니다. 역사에 남을 책을 냈다고 생각했는데 주변에서 냉랭한 눈으로 날 본다는 느낌이 들었습니다. 아마 그 당시 사회가 이런 문제에 대해 전혀 인식이 없었던 게 아니었나 싶더군요."

요즘말로 '무플'이었다. 임종국과 가까웠던 시인 박희진의 회상이 그랬다.

"책이 나온 뒤 전연 반응이 없었습니다. 아주 차가웠죠. 서점에 그 책이 꽂히고 더러 눈에도 띄었지만 문단에서조차 화제가 되지 않았습니다. 한마디로 거의 묵살에 가까웠죠."

책 판매량 또한 묵살에 가까웠다.《친일문학론》은 10년이 지나도록 초판이 다 팔리지 않았다. 초판 1,500부 중 절반 이상인 800부를 사간 곳 또한 일본이었다. 국내에서는 1년에 70여 권씩 팔렸다는 이야기다. 그렇게 《친일문학론》은 사라지는 듯했다. 하지만 한편으로는 또한 분명한 사실이 있었다. 그 낯선 얼굴의 목격자들,《친일문학론》을 산 사람이 700명이나 된다는 것.

그중에는 작가 조정래도 있었다.

울림

한인곤은 책을 덮으며 저자의 이름을 다시 확인했다. 임종국. 그리고 책 제목을 한 자, 한 자 다시금 읽었다. 친. 일. 문. 학. 론. 그는 끄음 된숨을 내쉬며 책을 쓰다듬었다. 무어라 형언하기 어려운 독후감이 가슴에 꽉 차 있었다. 그건 재미난 소설이나 좋은 영화를 보고 나서 느끼는 감동이 아니었다. 그런 느낌과는 꽤나 다른 어떤 느낌이 가슴을 묵직하게 누르는 것 같기도 했고, 허전했던 마음에 무언가가 뿌듯하고 그득하게 담긴 것 같은 기분이기도 했다.

_《한강》제10권 중에서

등장인물의 입을 빌어 조정래가 전한 소감이다. 그랬다. 꽤나 다른 어떤 느낌이라고밖에는 표현할 수 없다. 《친일문학론》은 자신의 스승을 고발한 저자의 양심이 담겨 있는 책이다. 자신의 잘못에 부끄러움을 느끼는 스승의 양심도 담겨 있는 책이었다.

그 마음이 사람들 사이를 옮겨 다녔다. 당대의 지성으로 통하는 리영희에게도 옮아갔다. 그는 "임종국이라는 분은 참으로 훌륭한 일을 했다고 나는 생각한다. 나와는 일면식도 없지만 이분의 《친일문학론》은 독립기념관의 현관, 제일 눈에 띄는 위치에 진열될 만한 가치가 있다"고 전했다. 코엑스COEX(한국종합무역센터)로도 옮겨갔다. 대통령이 되기 전 김대중은 가장 아끼는 책 100권 전시회에 《친일문학론》을 진열했다.

감옥에 있는 '도둑놈들'에게도 옮아갔다. 백기완은 KBS 1TV에서 방영됐던 〈인물현대사 – 임종국 편〉에서 반독재운동으로 수감생활을 하던 그때를 이렇게 떠올렸다.

"그 사람이 어떤 사람이냐는 거야. 그래서 그 양반은 왜정 때부터 친일파를 했는데 그 친일파의 뒤를 알아야 그 양반을 안다고 그랬더니, 어떻게 알겠습니까 그래요. 그래서 야, 딴 거 말고 《친일문학론》이란 책이 있어, 그거 읽으라고 했죠. 그 책을 구해달라고 하는 거야. (중략) 그런데 어떻게 어떻게 해서 그 책을 몰래몰래 들여다가 보면서 감옥에 번졌지. 그래서 이런 말도 들렸댔어.《친일문학론》판매사원이 백 아무개라고……."

임헌영 민족문제연구소장은 스스로를《친일문학론》의 '소매상'이라고 표현했다. KBS 방송에서 그는 "친일문학 연구가 임종국 선생이 한 거기에서 한 발짝도 앞서지 못하고, 선생이 한 자료를 그대로 확인하는 사람도 없었습니다. 나도 마찬가지였습니다. 나도 그냥 임종국 선생이 한 것을 인용하는 것, 임종국 선생의《친일문학론》이란 그 책이 하나의 도매상이라면 그 뒤의 평론가들은 그 도매상의 소매, 책 하나 쓸 때는 거기에 있는 것을 하나씩 갖다가 재탕 삼탕만 해도 얼마든지 훌륭한 평론을 쓸 수 있었습니다. 나도 그런 소매상 역할을 많이 했습니다."

부르튼 손가락

그렇게《친일문학론》이 사람들 사이를 오가는 동안, 임종국이란 이름은 도서관에서 발견됐고, 열한 권에 이르는 그의 저서에 박혀 있었다. 그의 행적은 5년 2개월 동안 계속 도서관을 이용해 국립중앙도서관에서 표창을 받았다는 단신을 통해서도 짐작할 수 있었으며, 그의 연구 내용은《일제 침략과 친일파》,《밤의 일제 침략사》,《일제하의 사상 탄압》,《일본군의 조선침략사》등 여러 권의 책을 통해 또 많은 사람에게 퍼져나갔다.

모두 엄청난 자료 조사를 필요로 하는 일이었다. 이는 당시 그를 응원하고 도움을 줬던 일본인 오오무라 교수에게 보낸 편지를 통해서도 잘 나타난다.

"요즘 두 달 정도 걸려서 총독부 관보 조사를 완전히 끝냈습니다만, 1년분 평균 600~700매를 복사했으니까 35년분 총계 2만 매 이상이나 되는 굉장한 작업이었습니다. 그다음이 《매일신보》로, 종전 전 약 10년분에 대한 조사입니다. 이놈은 복사도 할 수 없으니 필사를 할 예정입니다."

그 복사비만도 어마어마했을 것이다. 밤나무와 돼지를 키워가며 또는 여기저기 잡문을 써가면서 생계를 유지했던 임종국에게는 더욱 그러했을 것이다. 그는 가난했다. 천안에서 살던 그가 서울에서 자료를 찾기 위해 자취생활을 할 때는 동생에게 돈을 빌렸다.

"자취집에 가보니 방 하나를 빌려 쓰고 있었는데, 방에서 전기밥솥으로 밥을 해 먹고 지냈답니다. 서울 올라가기 전에 오빠가 '친일인명사전'을 내야겠으니 돈 좀 빌려달라고 해서 400만 원을 빌려드렸습니다."

그리고 20년간 연구한 친일 문제를 집대성한다는 소식이 알려졌다. 1876년 강화도 조약 이후 제4공화국까지 친일파들의 행적을 낱낱이 파헤칠 거라고 했다.

하지만 그의 '친일인명사전'은 세상에 나오지 못했다. 1989년 11월 12일, 임종국이 세상을 떠났다. 그때 그의 나이 예순이었다. 그로부터 4개월 후, 부인 이연순 씨는 이렇게 말했다.

"남들은 8.15와 더불어 끝났다고 여기는 친일 문제를 평생 온몸으로 끌어안고 연구하다 간 남편의 뜻이 이어지도록 하는 것이 남은 사람의 의무라고 생각한다. 남편이 생전에 손가락이 부르트도록 총독부 관보 등을 뒤적이며 기록해놓은 친일 인명 단체 카드 등의 자료들이 미진한 친일 연구에 밑거름이 되도록 하고 싶다."

그의 연구를 이어나가려는 마음들이 옮겨붙기 시작했다. 그의 가족, 그의 친구, 그를 따랐던 젊은이들이 움직이기 시작했다. 반민족문제연구소(지금의 민족문제연구소)가 문을 열었다. 그곳에서 '친일인명사전'을 발간한다는 소식이 세상에 알려졌다. 2009년 11월 8일 공개된 《친일인명사전》에는 총 4,776여 명의 이름이 올라 있다. 임종국의 아버지도 있다.

그 이름은 임문호다.

아버지의 선택

아버지는 천도교인이었다. 나이 열다섯에 입교했다. 스물

셋에 천도교 종학원을 졸업했고, 스물여덟에 천도교 청년당 중앙이사가 됐다. 나이 서른일곱에 청년당 당두가 되었다. 일제의 침략 전쟁과 황민화 정책을 적극 후원하고 지지할 것을 독려했다. 해방 후에는 정치적 진출을 모색했던 천도교 청우당의 핵심 간부로 활동했다. 한국전쟁 이후에는 천도교 중앙총부 종학관장으로 일했다. 그리고 나이 예순여섯이 된 1966년 1월, 그때도 아버지는 천도교 선교사였다. 아들의 마음에 문학이 있었고, 아버지의 마음엔 천도교가 있었다.

그해 겨울 날씨는 변덕스러웠다. 신문에서 '난동이변'이라고 할 정도로 포근하던 날씨가 설 연휴가 다가오면서 급변했다. 서울 기온은 영하 13도까지 떨어졌다. 아버지의 마음은 더 차가웠을지 모른다. 어머니가 곁에 없었다. 농사일에, 집안일에, 자식들 돌보기에, 바깥으로 떠도는 아버지 뒤치다꺼리에 평생 고생만 하던 어머니였다. 그를 먼저 저세상에 보내고 처음 맞는 겨울이었다.

쓸쓸한 겨울 어느 날, 집을 찾아온 아들이 묻고 있었다. "아버지 이름을 빼고 쓸까요?"라고 하면서도 "내 아버지라고 뺀다면 다른 사람 것도 다 안 써야 하는 것 아니냐"고 말하고 있었다. 공정하지 않다는 말이었다. 양심에 찔린다는 뜻이었다. 아들이 책에 넣으려는 사실은 이런 것이었다.

천도교청년당으로 하여금 '헌신보국 희생적 각오로서 시국에 당할 것'(결의문 제1조, 《매일신보》 1937. 7. 21)을 결의(7.19)케 하여 1937년 9월 4일~27일 백중빈, 임문호, 김병제로서 초산, 회령, 함흥 외 35개 처를 순회 강연케 하는 한편…….

임. 문. 호. 그 이름을 빼달라는 말을 아들이 따른다면 어떻게 될까. 아들의 양심을 평생 찌르는 책이 될 수 있다. 그 부탁을 아들이 따르지 않는다면 또 어떻게 될까. 아버지에게 상처를 줬다는 자책감에 아들의 마음을 아프게 할 책이 될 수 있다. 아버지 임문호로서 답은 이미 나와 있었을지 모르지만, 자연인 임문호에게는 결코 쉬운 답이 아니었을 것이다. 남들은 그저 스쳐 지나갈 수 있는 이름이겠지만, 그에게는 50년이란 시간이 담겨 있는 세 글자였다. 천도교와 함께했던 그 세월, 자신의 삶을 지탱하고 있는 가장 큰 버팀목이 흔적 없이 사라질 수 있었다. 어려운 선택이었다. 하지만, 자신의 자화상이었다.

아버지가 말했다.

"그것은 내 책임이다."

아버지는 선택했다.

"내 이름도 넣어라. 내가 빠지면 그 책은 죽은 책이다."

아들은 아버지의 이름을 빼지 않았으며, 아버지는 그런 선택을 존중함으로써 자신의 지나간 잘못에 책임을 졌다. 두 사람의 대화는 사적인 것이었지만 동시에 역사적인 것이기도 했다. 그래서 어떤 이의 염치는 지극히 사회적이며 역사적이다. 그 진실을 《친일문학론》이 보여주고 있다.

그 책은 죽지 않았다. 아버지의 말대로였다.

절친

임종국에 대해 더 알고 싶었다. 무엇보다 아버지 이름까지 굳이 책에 넣은 그의 인간적인 면모가 궁금했다. 임종국의 '절친', 허창성 진선출판사 회장과 통화했다. 당시 평화출판사 사장이었던 그는 임종국의 동지이기도 했다. 《친일문학론》을 함께 탄생시킨 숨은 주역인 동시에 그 책의 현재까지 지켜보고 있는 목격자이기도 하다. 고령(85세)의 나이였지만 자신의 확신을 전할 때 목소리에 힘이 실려 있었다.

굳이 왜 아버지 이름까지 넣었을까요.
자기 아버지를 직접 고발하는 사람이 어디 있어요. 자세가 된 거지. '친일, 우리도 전혀 안 한 게 아니다. 우리 집안도 했다', 그걸 고백한 거 아뇨. 그런 사람은 없잖아요, 안 그래요?

《친일문학론》 서문 〈자화상〉을 읽어봐도 그렇고, 아버지 이름을 책에 넣은 걸 봐도 염치를 소중하게 여겼던 분 같아요. 자신이 공적으로 했던 말이나 행동에 대해서는 책임감이 높은.

그렇지. 결백했지. 남한테 피해가 되는 일은 안 하려고 한 사람이었어.

어떤 경우를 봤을 때 그랬나요.

원칙을 어긴 일이 별로 없어요. 이 양반은 뭐든 철저했다고. 그러니까 이상 시를 전부 발굴한 거 아뇨. 그게 시작이 된 거지. 그렇게 하면서 이제 도서관 자료 조사 작업을 하게 된 거예요. 근데, 그 작업을 전국적으로 다 했거든, 그 사람이. 그래서 여러 가지 발굴을 했지. 거기서 얻어진 거지. 글자 하나 갖고도 철저했어요. 글자 간격, 행간, 그런 것도 숫자로 다 계산하고 그랬다고. 적당히 어물어물하고 그런 사람이 아니었어요.

《친일문학론》은 살아 있는 힘까지 실명 비판한 책이다. 그런데 그로 인한 항의를 받은 적이 단 한 차례도 없었다고 한다. 다만 증거 자료를 보자고 한 친일파 후손이 있었는데, 임종국이 관련 자료를 '한 보따리' 들고 갔더니 아무 이야기도 못 했다고 한다. 허 회장의 말이 계속됐다.

"그러니까 성격이 좀 까다로운 사람이기도 했지. 내가 왜 그렇게 느꼈냐면. 나랑 동료 아뇨. 그런데도 출판계약서를 쓸 때, 내 기억으로는 아주 철저했어요. 예를 들면, 서점에 몇 권씩 책을 꽂아야 한다든가. 근데 나 같은 경우에는 거래 안 하는 곳도 있을 거 아니에요?(웃음) 그렇게 계약서 같은 것도 아주 치밀하게 했던 사람이라고. 친일파 고발하는 일, 일종의 모험 아뇨. 철저하게 모든 걸 조사하는 그 성격이 몸에 완전히 배어 있었다고."

대단한 원칙주의자였다는 말씀인가요?

대단한 원칙주의자. 겉으로는 참, 사람이 호인이에요, 호인. 좋아요. 욕도 안 하고 좋은 사람인데, 임종국 씨는 수줍어하는 사람이에요. 그런 면이 있어요. 무슨 얘길 남한테 막 하는 사람이 아냐. 외향적인 사람이 아니지. 술도 같이 먹고 그랬는데, 보통 막 떠들고 그렇잖아요. 그 사람은 술 먹으면 뭐 생각하는 사람 같고, 늘.

약주를 해도 말씀이 많지 않았나 봐요.

많지 않아. 내가 말을 많이 했지.

평소 부끄러움을 많이 타는 편이었나요?

응. 수줍음을 많이 타긴 하지만, 속이 강한 사람이지. 속이 아주 강한 사람이지.

그런 분이 《친일문학론》에 아버지 이름을 넣었던 건 대단한 원칙주의 자여서 그랬다?
그렇지.

스스로에게 부끄럽지 않으려고 하셨던 분이었나 봐요.
그런 게 있지. 고은 같은 이런 사람들 당대에 누렸잖아. 이 사람은 누리는 것도 안 하고. 당시에는 임종국 씨를 우습게 본 사람이 많아요. 그 양반 그때 누가 알아줘? 안 알아주지. 알아준 사람이 없거든. 다 손가락질했다고. 문학 한다는 사람들, 사회 지도자라는 사람들, 겉으로는 아니었지만 속으로는 손가락질했다고. 왜냐하면 친일파들이 전부 장관하고 그랬는데. 당시 나는 겁이 나 가지고 병원에 입원해 있었어.(웃음) 마침 그때 교통사고가 나서 병원에 누워 있었더랬어. 겁도 좀 났지. 근데 제일 힘든 건, 주변 사람들이 날 멀리하더라고. 나를 우습게 보더라고. 원래 가까웠던 분들이, 글을 좀 도와달라고 해도 도와주지도 않고 그러더라고.

그렇게 고생하셔서 책을 내주신 덕분에…
내가 할 소리는 아닌데, 그 책 손해가 많았어. 안 팔렸는데, 나중에 박정희 죽고 난 후 백기완 씨가 소개를 해가지고 계속 찍어서 좀 팔았지. 나는 그 책이 팔릴 거라고 생각해서 한 사람이 아냐. 처음 출판 실패했다가 다시 또 일어나서 약간의 돈을 벌게 됐어요. 그래서 《친일문학론》 내게 된 거야.

허 회장은 약간의 돈이라고 했지만, 《친일문학론》 제작비는 "당시 우이동 초등학교 앞 문방구 땅 한 평이 5,000원이던 시절 우이동 국민주택(대지 70평, 건평 15평) 두 채 값이었다"고 한다.

끝으로 전하고 싶은 말씀이 있다면요.
나는, 기록은 영원하다, 기록은 미래와의 대화다, 그렇게 생각해요. 우리가 친일파 재산 뺏고 그래도 해결되는 문제가 아냐. 기록을 남기는 것처럼 오래가는 건 없잖아요. 그러니까 미래와의 대화란 말이야. 그게, 가끔 젊은 사람들 만나서 이런 저런 얘기하다가 옛날 《친일문학론》 그런 얘기하면 굉장히 호응도가 높아요. 그래서 난, 젊은 사람들 역사 인식이 상당히 높다는 걸 느낀다고. 근데 우리 친구나 우리 선배들한테는 느끼는 거 없어.(웃음) 혹시 《취한들의 배》라는 책 읽어봤어요? 임종국 선생이 번역했는데, 제목에서 얘기하듯 술에 취해 나가떨어진 사람들이 함께 배를 탔다는 얘기예요. 그게 우리나라의 문학 하는 사람들, 소위 지식인들의 양태였다고. 더 중요한 건, 그 책을 쓴 일본 작가가 한국 문인들을 감시하기 위해 왔던 사람이야. 근데 그 사람도 보고 놀란 거야. 야, 이, 소위 지식인들이 이따위……. 그걸 읽어보면 분개하지 않을 수 없어요. 거기에 지식인들이 어떻게 했다는 게 다 나온다고. 더 궁금한 거 있으면 전화해요. 우리 회사에 있으면 하나 드릴 건데 그게 없어. 《친일문학론》 초판본도 내가 없어서 얼마 전에 경매 가서 50만 원 정도 주고 샀어요.(웃음)

　　그리고 《친일문학론》 초판을 보고 싶으면 자신의 집에 언제든지 와도 좋다고 했다. 그의 웃음이 귀에 오랫동안 남았다.

염치는
반성으로 가는
문

~~~~~~

법정, 감옥으로 가는 길목이다. 그 길목에 들어서는 이들 대부분을 훑고 지나간 마음, 어딘가 한구석에 여전히 똬리를 틀고 있을 그 마음, 탐욕이다.

2019년 9월 20일, 울산지방법원 301호. 열두 번째 피고인이 나타났다. 멀끔했다. 양복 차림이었다. 판사의 선고를 기다리는 모습이 무척 공손했다. 앞으로 가지런하게 모은 두 손, 그 손으로 딸뻘인 청소년의 몸을 만졌다. 헤드록도 했다. 그리고 또 만졌다. 피해자는 두 명이었다. 그는 전직 학원 원장이었다. 열한 번째 피고인은 열세 살 소년의 허벅지를 만졌다. 열 번째 피고인 공판에서는 한 여성의 모습이 법정 스크린에 나타났다. 도움을 요청하고 있었다. 도망치고 있었다. 아홉 번째 피고인은 몰랐다고 했다. 음란물에 딸뻘 아이를 등장시켰고 그 장면을 생중계했다. 청소년인 줄 몰랐다고 했다. 어쩌면, 몸부림이었다. 세상과 감옥 사이의 경계선, 그 칼날 같은 절벽에 매달려서 어떻게든 기어 올라가려는 그런.

그 모습을 판사가 지켜보고 있었다.

"인간의 탐욕과 이기심이 어디까지 갈 수 있는지, 그 파국이 어떤 모습인지 궁금하다면 법정으로 와보라"고 '초대'한 사람이었다. 박주영 울산지방법원 제11형사부 부장판사, 그는 자신이 쓴 책《어떤 양형 이유》에서 법정을 가리켜 "탐욕이 양심과 도덕을 무너뜨리고 맞닥뜨리는 마지막 전선"이라고 했다. "염치없는 사람들의 집합소"라고도 했다.

판사는 목격자다

박 판사는 책에서 "오랜 시간 법정에서 각양각색의 탐욕을 관찰하다 보니 탐욕의 속성을 조금은 이해하게 됐다"고 했다. "법정에서 바라본 탐욕은 버라이어티하고 전방위적이며, 디테일하고 치밀하다"면서 "탐욕은 포기를 모르고 자유자재로 모습을 바꾸며 대부분 눈매가 선하다"고도 했다. 판사는 탐욕의 목격자다.

물론 판사는 심판자다. 그 심판에는 흔히 이런 말도 따른다. '개전의 정이 없다', 잘못을 뉘우치고 마음을 바르게 고쳐 먹으려는 태도가 안 보인다는 말이다. '뉘우치는 기색이 없다'거나 '반성의 모습을 보이지 않는다' 역시 비슷하게 자주 쓰인다. '염치'라는 단어로 모아 풀이하면 이렇다. 부끄러움을 느끼는 그 마음이 느껴지지 않는다는 것이다. 판사는 양심의 목격자이기도 하다.

그리고 결정한다. 벌을 내릴 것인지 말 것인지, 벌을 얼마나 줄 것인지. 그게 양형量刑이다. 그 이유를 판결문에 서술하기도 한다. 보통 이런 식이다.

"이 사건 범행은 피고인이 연인 관계에 있던 피해자를 주방용 칼로 수 회 찌르고 피해자의 반항으로 칼을 놓치자 또 다른 주방용 칼로 수 회 찔러 살해한 사안으로, 그 범행 수법이나 결과의 중대성에 비추어 죄책이 매우 무거운 점. 피해자는 저혈량성 쇼크로 결국 사망에 이르렀는데, 그 과정에서 피해자가 겪었을 고통이 극심하였을 것인 점. (중략) 피고인에 대하여는 그 죄책에 상응하는 엄중한 처벌이 필요하다. 다만, 피고인이 이 사건 범행을 시인하면서 반성하고 있는 점, 피고인이 이 사건 범행 이후 자살을 시도하는 등 정신적으로 혼란스러운 상태에 있었던 것으로 보이는 점 등을 유리한 정상으로 참작하고, 그 밖에 피고인의 나이, 성행과 환경, 범행의 동기와 경위, 수단과 결과, 범행 후의 정황 등 여러 양형 조건들을 종합적으로 고려하여 형을 정한다."

어떤 판결문에 있는 양형의 이유다.

이번에는 박주영 판사가 판결한 사건이다. 역시 남성이 여성을 칼로 찔렀다. 그들도 연인 관계 같았다. 결혼은 하지 않았지만 함께 살고 있었다. 여자는 장애인이었다. 지적장애가 있었고 소아마비로 왼쪽 팔다리를 잘 쓰지 못했다. 그가 의지한 상대는 수차례 감옥에 다녀온 사람이었다. 폭력적이었다. 자신에게 의지하는 그 사람을, 그의 얼굴을, 그의 가슴을 때리곤 했다. 볼펜으로 팔을 내리찍기도 했다. 그러던 어느 날, 두 사람은 낮술을 마셨다. 말다툼이 벌어졌다. 여성이 부엌칼을 자신의 왼쪽 팔 위에 갖다 댔다. 남자가 칼을 빼앗았다. 함께 죽자고 했다. 그리고 찔렀다. 그 칼은 남자에게는 향하지 않았다.

119 구급대가 출동했다. 현장은 참혹했다. 여성의 장기가 밖으로 나와 있었다. 파렴치한 남자였다. '내장 나온 건 또 처음 보네'라는 식으로 말했다. 쓰러져 있는 여성을 발로 툭툭 건드리기도 했다. 이미 죽은 것 같으니 병원에 갈 필요가 없다고 했다. 뻔뻔했다. 그런 남자였다. 그런 남자를 여자는 지키려고 했다. 간신히 목숨을 건진 여자는 자신을 받아준 고마운 남자라고 했다. 너무너무 사랑한다고 했다. 술을 마시고 때

리긴 해도 근본은 착한 사람이라고 했다. 제발 남자가 감옥에 가지 않게 해달라고 호소했다. 여자는 자신의 진술을 번복했다. 자해한 것이라고 했다. 남자는 죄가 없다고 했다. 그곳은 법정이었다.

2017년 11월 6일. 그날 박주영 판사가 낭독한 '양형 이유' 는 이랬다.

"죄질이나 피고인의 범행 전후 정황을 고려한 양형은 어렵지 않았으나, 소아마비에 가벼운 지적장애까지 가진 채 가족과 세상으로부터 소외되어 힘겹게 살아온 피해자에게 그나마 유일하게 곁을 내어준 피고인을 무겁게 벌하는 것이 과연 피해자를 위하여 최선의 조치인 것인지, 피고인으로부터 겪을지 여부를 아직은 알 수 없는 장래의 신체나 생명의 위협보다, 피고인의 부재로 지금 당장 겪을 수밖에 없는 사회적 소외와 외로움이 피해자에게는 더 감당하기 어려운 것은 아닌지, 신산스러운 삶을 근근이 이어가는 피해자와 같은 사회적 약자를 가정폭력으로부터 구호하고, 사회의 구성원으로 품어줄 수 있을 만큼 우리 사회가 성숙하였는지에 대한 의구심 때문에 당원은 고민을 거듭하였다. (중략) 가정이야말로 고달픈 인생의 안식처요, 모든 싸움이 자취를 감추고 사랑이 싹트는 곳이며, 큰 사람이 작아지고 작은 사람이 커지는 곳이다. 가장 안심하고 모든 것을 맡길 수 있으며 서로 의지하고 사랑하며 사랑받는 곳이다. 가정이야말로 '찬밥처럼 방에 담긴 아이가 열무 30단을 이고 장에 나간 엄마를 걱정하며 애타게 기다리는 곳'이고, '십구문반十九文半의 해진 신발을 신고 가족을 위해 온갖 험한 길을 마다 않는 아버지가 사는 곳'이다. 가난한 아버지는 마음대로 늙지도 못한다. 또다시 십구문반의 신발을 신고 먼 길을 가야 하기 때문이다. 그들이 늙지도 못하며 악착같이 지키려 한 것이 바로, 가정이다. 해가 지면, 세상살이에 시달린 모든 이들은 절인 배춧잎처럼 녹초가 되어 타박타박 집으로 돌아가고, 그곳에서 위로받고 잠이 든다. 실증적 연구 결과를 동원하여 볼 필요도 없이, 가정 내 폭력은, 인간의 마지막 안식처를 파괴하고, 가족 구성원들을 더 이상 의지할 곳 없는 극한의 상황으로 내몬다는 점만으로도 용서받을 수 없는 범죄이다. 당원이 감히, 이 사건 피해자를 포함한 가정폭력의 피해자들이 장구한 세월 겪어왔을 고통의 무게를 전부 공감했노라고 말할 수는 없겠지만, 기록에 비치는 고통의 한 자락만으로도 충분히 고통스러웠다. 기록과 재판을 통하여 가정폭력 사건의 피해자들이 겪었거나 여전히 시달리고 있을 악몽의 편린만을 마주했을 뿐임에도 그 상흔에 놀랄 지경이라면, 도대체 피해자들이 겪었을 그 고통의 심연이 어느 정도일지 가늠되지 않는다. 이 사건 피고인을 포함한 가해자들이 훈육의 목적에서, 혹은 세상살이의 고단함을 해소하기 위해서, 혹은 이런저런 이유로 술기운을 빌어 저지른 악행의 결과는, 참혹하다. 거듭 강조하지만, 우리 사회의 가정폭력에 대한 불개입 풍조는 극복되어야 한다. 가정은 사적 영역이므로 공권력 개입은 가급적 자제되어야 하고 신중해야 한다는 명제는, 그 가정이 가정으로서의 최소한 기능을 유지하고 있을 때에만 성립할 수 있는 것이다. 큰 사람이 작은 사람을 학대하고, 가족 구성원 중 누군가가 폭력으로 누군가에게 고통만을 안겨주고 있다면, 그곳에는 더 이상 가정이라 불리며 보호받을 사적 영역이 존재하지 않는다."

그의 양형 이유는 길었다. 그의 호흡과 비슷하게 읽어 내려가는 데 걸린 시간은 20분 49초. 그 중간 중간마다 부끄러움이 담겨 있었다. 사회적 치부를 확인한 한 시민으로서의 부끄러움. 판사의 눈에는 인간의 탐욕만 보이는 게 아니다. 사회적 책임도 보일 수 있다. 그 책임을 박주영 판사는 다음 한 문장으로 요약했다.

"폭력이 난무하는 곳보다 더한 공적 영역은 없다."

꽃길

그 영역이 차갑게 느껴졌다. 하얀색 조명 대열이 마치 도로처럼 일직선으로 쭉, 천장을 가로지르고 있었다. 그렇게 난

네 개의 '길'을 90도로 마주하는 벽, 하얀색 불빛을 머금은 연 갈색 대리석이 유난히도 반짝였다. 그 반짝임 속에서도 벽 중 앙에 붙어 있는 금색 무궁화가 도드라졌다. 꽃술 자리에 있는 두 글자, 법원. 그 아래로 판사들의 자리, 법대가 있었다. 그 길이가 족히 10미터는 넘어 보였다. 불과 사람 앉은키만 한 높이였지만, 압도됐다. 그리고 세상 그 어디서도 볼 수 없었던 후회와 반성의 퍼레이드도 끝났다. 조금 전, 열세 번째 피고인 이 감옥으로 가는 문으로 사라졌다. 그나마 사람 온기를 전하 던 방청객들도 모두 사라졌다. 100여 개의 의자 사이에 우리 만 박혀 있었다.

그 냉랭한 분위기에 균열을 일으킨 것은 다시, 사람이었다. 박주영 판사가 법대에서 내려오고 있었다. 살짝 미소 띤 얼굴 로 다가오고 있었다. 1시간 43분 동안 법정에서 볼 수 없었던 그 웃음이 반가웠다. 안도했다. 그의 미소는 부드러웠다. 그의 책을 읽으며, 그의 양형 이유를 읽으며, 또 그와 메일을 주고 받으며 상상했던 그런 미소와 닮아 있었다. 앞서 우리가 그에 게 던진 첫 질문은 사실 매우 당돌한 것이었다. 살면서 가장 부끄러움을 느꼈던 순간이 언제였냐고 물었다. 돌아온 답은 이랬다.

"판사가 아닌 상황에서 부끄러웠던 순간들을 구체적으로 떠올려보니, 변호사할 때 의뢰인의 비윤리적 행위에 동조했을 때, 실수를 반복할 때, 자잘한 욕망(단 음식이나 탐식, 게으름 등)을 참지 못할 때, 늘 일을 미룰 때, 위선적인 글을 쓸 때, 잘 모르면서 많이 아는 척할 때, 그러다 정말 그 분야의 고수를 만났을 때, 재판이 아닌 모임에서 사람들 앞에 설 때, 인터뷰할 때 부끄럽습니다. 1987년과 그 언저리에 집회 도중 빠져나와 도서관으로 갈 때도 많이 부끄러웠습니다. 둘째 출생 신고가 하루 늦었음을 나중에 알았을 때도 부끄러웠고요. 저는 수줍음과 부끄러움이 원래 많습니다. 매사가 부끄럽죠. 성실하지 못해 부끄럽고, 애들이나 아내와 많은 시간을 못 보내고 따뜻한 말 한마디 못 하는 아빠와 남편이어서 부끄럽습니다. 친절한 이웃도 아니고, 배울 게 많은 부장(판사)도 아니어서 이웃들과 배석판사님들에게 부끄럽습니다. 대개는 어제보다 못한 오늘이어서 부끄럽습니다. 제가 좋아하는 시인 중에 김영승 시인이라고 있습니다. 이분 시집 중에 《반성》이라는 시집을 예전부터 좋아했습니다. 어쩌면 반성이 제 삶의 큰 부분인 것 같습니다. 그래서 딱 한 순간을 고르라고 하시니 어렵네요.”

그는 판사로서 부끄러웠던 순간도 나열했다. 구체적이었다.

“가장 먼저 떠오르는 건 제 판단이 틀렸을 때입니다. 다행히 지금까지 큰 실수는 없었지만 사소한 실수들은 늘 있었죠. 판결문의 오탈자부터 유무죄 판단이나 손해배상금액을 잘못

계산하는 등의 실수들이죠. 유무죄 판단은 작은 실수라고 하기 어려운데, 명백한 실수에 의한 오판은 없었던 것 같고, 굉장히 애매한 사안에서 해석을 상급심과 달리 한 것입니다. 그렇다 하더라도 결과적으로는 제 오판이니 역시 부끄러운 일입니다. 아이들 쉼터에 난방비 원조를 약조받고 난방비가 해결되었다고 큰소리 쳤지만, 끝내 집행을 못 하게 되었다고 알릴 때 부끄러웠네요. 2017년경, 사법농단 인터뷰를 하며 울먹이는 젊은 판사님을 TV로 혼자 보았을 때 충격과 함께 정말 심하게 부끄러웠습니다. 예전에는 이 사태보다 훨씬 덜한 사법파동에도 기개 있는 선배 법관들이 사표를 쓰곤 했는데, 누구 하나 책임지려는 사람 없는 것을 보고(제 연수원 28기 동기인 최한돈 부장판사가 유일하게 사의를 표했었죠), 저라도 사표를 써버릴까 망설이다 끝내 쓰지 못했을 때도 부끄러웠습니다. 실정법의 한계 때문에 사회적 약자를 방치하거나 내팽개쳐야 할 때 무기력하고 부끄럽습니다."

사랑하고 있는 것이다. 당신을 자꾸 찔리게 하고, 당신의 부족함을 신경 쓰이게 하고, 그로 인해 미안함이나 부끄러움을 느끼게 하는 사람이 떠오른다면, 당신은 그를 사랑하고 있는 것이다. 엄마를 사랑하고 있는 것이고, 아빠를 사랑하고 있는 것이며, 아이를 사랑하고 있는 것이다. 그 상대는 자신의 일이 되기도 한다. 박주영 판사도 그런 것 같았다. 자신의 일을 사랑하는 사람한테 느껴지는 꾸밈없는 순수함이 잠시 밀려왔다. 법정 옆 유치장을 보여주고, 그곳 화장실 잠금장치가 왜 외부에 있는지 설명하고, 지하 호송로로 안내하는 그 모습이 마치 아이 같았다. 그는 다른 인터뷰에서 "판사로서 행복하다"고 했다. "아침마다 늘 제가 있기에는 과분한 곳이라는 마음을 갖고 법원으로 출근한다"고 했으며 "제게 판사의 직책은 정말 과분한 꽃길"이라고 표현했다.

그 길, 항상 법복을 입은 채로 걷는 건 물론 아니다.

"판사, 법대에 앉아 있으면 근사해 보입니다. 법대에서 내려가면 별 볼 일 없는 똑같은 인간들이거든요. 그런데 자꾸 혼동이 일어납니다. 마치 내가 대단한 사람인 것처럼 느껴지기도 하고. 저희가 법복을 입으면 개인적인 자아는 완전히 가려진다고 얘기하거든요? 실제 가리라고 얘기도 하고요. 아무리 지질한 인간이어도, 못난 사람이어도, 법복을 딱 걸쳐 입는 순간 개인적인 자아는 잊어버리라고, 선배 법관들이 얘기하십니다. '네가 잘나서가 아니다', '네가 법을 대리하는 상황에서 개인적 인격이나 이런 게 투영되면 안 된다'는 거죠. 오로지 법을 대리하는 입장에 서야 한다는 거죠. 그래서 염치는, 자신의 지위 또는 사회적 역할과 개인적인 흠결, 그 사이를 잘 파악하는 것이 아닌가 생각합니다. 내가 개인적으로는 이렇게 행동하면서 직업적으로는 다른 모습을 보인다는 건,

정말 염치없는 짓이라는 생각이 듭니다. 제가 가장 부끄러워 하고 수치스러워하는 게 위선적인 겁니다. 말은 이렇게 그럴 듯하게 하고 있지만, 저도 많이 위선적이거든요. 그래서 '내가 무슨 염치로 이 자리에 있는 거지?' 그런 생각, 많이 하거든요. 엄청난 권한이고, 엄청난 명예고, 엄청난 힘인데, 저의 개인적인 인격이 과연 이런 자리에 맞는가, 내가 생각하는 목표나 가치, 또는 이상적으로 보는 사람의 모습, 이걸 따라가지 못한다는 것에 대한 부끄러움이 염치 아닐까요. 그래서 또 내 개인적인 모습을 최대한 공적인 모습에 가깝도록 도와주는 게 염치라는 생각도 들어요. 부끄럽다는 건 결국 어떤 문제나 잘못된 현실에 대한 자각이라고 느껴지거든요. 이걸 잃어버리는 순간 더 좋은 방향으로 나아갈 수 없는 거겠죠. 가급적 마이(많이) 안 벗어나려고요."

길을 잃지 않으려면 그래야 한다. 돌아볼 줄도 알아야 하고 내다볼 줄도 알아야 한다. 지나간 사실에 부끄러워할 줄 모르고, 다가올 '사실'을 지배하는 것이 기실 탐욕에 따른 것이라면, 그 길은 언제든 똥밭으로 바뀔 수 있다.

우리는 다시 그에게 메일을 띄웠다. 또 물었다.

염치는 반성으로 가는 문

판사님의 삶에서 염치란 무엇인가요.

염치라는 화두를 던져주시기 전까지 저는 별로 여기에 대해 깊이 생각해본 적이 없었습니다. 곰곰이 생각해보니 제 화두는 늘 부끄러움과 반성이었던 것 같습니다. 반성의 사전적 의미는 '자신의 언행에 대하여 잘못이나 부족함이 없는지 돌이켜 봄'으로 정의되네요. 반성에 대한 이 사전적 정의는 뭔가 완전치 않은 느낌입니다. '잘못을 돌이켜 보고, 그러한 잘못을 반복하지 않으려는 마음을 가짐, 잘못을 딛고 더 나아지려는 마음을 가짐'으로까지 정의되어야 완전한 반성의 의미가 아닐까 생각합니다. 염치는, 반성과 반성의 궁극적 완성인 참회(자기의 잘못에 대하여 깨닫고 깊이 뉘우침)에 이르는 단초, 실마리, 계기가 아닌가 하는 생각이 듭니다. 제가 체질적으로 술을 못하는데, 이 바닥에 있다 보니 억지로 술을 마실 때가 많았습니다. 정말 술이 늘더군요. 그래도 일정량이 넘어가면 주사가 나오고, 실수도 많았습니다. 다음 날 숙취보다 더 저를 괴롭힌 것이 부끄러움이었죠. '어젯밤, 내 행동이 뭔가 잘못된 것 같아, 뭐지, 이 말할 수 없는 쪽팔림은? 흠, 그런 일이 있었나? 아, 이제 술을 자제해야겠어, 적어도 급하게 마시지는 말아야겠어.' 주사가 있음에도 계속 술자리에서 상대에게 피해를 주고, 동석자를 괴롭게 하는 것은 염치없는 일이겠죠. 어떤 사람은 아예 주사가 있음을 부인하기도 하고, 어떤 이는 주사를 대수롭지 않게 여기는 경우도 있더군요. 쪽팔림을 느껴야 어젯밤 일을 떠올려보려 하고, 쪽팔림을 느껴야 그러지 않으려고 노력하겠죠. 염치는 반성으로 가는 문인 것 같습니다.

답장을 읽으면서 우리는 감탄했다. "염치는 반성으로 가는 문"이라고 했다. 반성으로 가는 문이 열려 있는 길이 꽃길이다.

판사님과 '염치'에 대한 이야기를 나누면서 '거리'라는 단어가 자꾸 떠오르더군요. 염치는 내가 가고자 또는 되고자 하는 그 어떤 곳과 지금 실제 서 있는 어떤 곳과의 거리를 계속 의식하도록 하는 마음 아닐까 싶습니다.

부끄럽다는 감정은, 자신이 지향하거나 그리고 있는 만족스러운 이상적 모습에 미치지 못한다는 자각에서 비롯되는 것 같습니다. 자신이 형편없는 주정뱅이임에도 '이 정도면 괜찮아'라고 스스로 규정하는 순간 부끄러운 마음이 생길 리 없을 테니까요. 그래서 그런 말을 한 것 같습니다. 도덕적 인간이라면, 염치(부끄러움)는 자신의 현재 포지션과 자신이 마음속으로 세워 둔 포지션 사이의 거리에 정비례하는 것 같습니다.

그 거리를 의식하려면 어떤 행위가 있어야 하잖아요? '판사님만의 양형 이유'는 그 거리를 의식하는 자신을 계속 바라보게 만드는 일종의 장치 아닐까 하는 생각도 들었습니다.

사건에 치이다 보면 양형 이유를 간략히 쓸 수밖에 없습니다. 사실 형사판결은 법률을 적용하고 형벌만 정확하게 판단하면 충분합니다. 그 정도만 되면 상급심에서 깨지지 않거든요. 판결의 적법성이나 정합성이라는 면에서 볼 때 양형 이유는 써도 그만, 안 써도 그만인 영역입니다. 간단한 자백사건은 양형 이유를 제외한 판결문 쓰는 데 채 한 시간이 안 걸리는 사건도 많습니다. 그런데도 굳이 양형 이유를 쓴다고 온갖 자료를 뒤지고 2~3일을 끙끙대고 있으면 가끔 '참, 이게 뭐 하는 짓인가' 싶은 생각도 듭니다. 지금 제 판결에도 간단한 양형 이유가 훨씬 많고요. 물론, 책 쓰고 나서 '양형 이유를 공들여 쓴다며 왜 이리 짧게 써, 차별해?'라는 타박을 받을까 봐 이전보다 훨씬 압박을 받고 있긴 합니다. '괜히 이런 책 내서 고생하네'라는 생각도 들고요. 예전에 공들여 썼던 판결들을 보다 보면 두 가지 생각이 드는데요. '도대체 무슨 정신으로 이리 길게 썼지? 체력도 좋았네'라는 생각과 '아, 정신 차려야겠다'라는 반성입니다. 흔히 초심을 잊지 말자는 말을 많이 하는데, 일관된 마음가짐과 행동거지를 유지한다는 게 말이 안 되죠. 그게 기계지 인간입니까. 그런데 기억만이 아니라 제가 정성 들여 썼던 양형 이유가 시퍼렇게 남아 있으면, 그 초심의 현존이 계속 제 발목을 잡습니다. 그 무렵 제가 게으른 지금의 저를 보고 말하는 것 같습니다. '어이, 박 판사. 당신 예전에는 안 이랬잖아. 요즘 왜 이래, 빠져 가지고?' 하고 말입니다. 이런 측면에서, 제 양형 이유는 목표에서 자꾸 멀어지는 저를 계속 돌아보게 하고, 태만함을 경고하는 옐로카드 같습니다. 양형 이유를 쓰고, 또 책까지 내고 보니, 비록 제 삶이 글을 완전히 따라가진 못했지만, 이젠 거꾸로 제 글이 앞으로의 제 삶을 견인해줄 것 같은 예감이 듭니다. 그런 면에서 글은 비뚤어진 삶을 바로 세우는 교정기 역할을 하네요. 이 기자님이 서평에 쓰셨듯이, 어쩌면 양형 이유를 통해, 책을 통해 저 자신을 세상의 법정에 세운 다음, 스스로를 글감옥에 투옥시킨 셈이네요. 물론, 기분 좋은 투항입니다만 또 한편 생각해보면, 반성은 이상적 포지션을 향한 포지셔닝이라고 말할 수도 있겠습니다. 부끄러움과 반성은 모든 삶에서 나타나는 심리현상이고, 개인은 무수한 포지션이 있으므로, 당연한 말이지만 염치는 삶에서 없어서는 안 되는 것이라고 생각합니다. 아버지와 남편으로서 염치, 사제로서 염치, 공무원으로서 염치처럼요. 결국 염치는 우리가 살아가는 매 순간, 모든 자리에서 계속 포지셔닝할 수 있게 만드는 강력한 동기로 보입니다. 그러고 보니 염치가 정말 중요하네요.

박 판사 답장을 프린터로 출력했다. A4용지로 열 장이었다. 그중 두 장이 고종주 부장판사 이야기였다.

판사님의 그런 생각에 큰 영향을 미친 분은 누구인지요. 기억에 남아 있는 일화가 있다면 소개해주시죠.

고종주 부장판사(현 변호사)님은, 판사로서뿐만 아니라 제 삶 전체에 큰 영향을 미친 분입니다. 일화야 많죠. 청렴과 관련해서는, 큰따님 결혼식이 생각나네요. 이분은 딸만 셋인데, 따님 결혼식을 누구한테도 알리지 않았습니다. 심지어 같은 재판부 배석(판사)들에게 조차도요. 현직 부장판사로 계시면서 딸 결혼한다고 축의금 받고, 여러 사람 번거롭게 하는 게 싫으셨던 거죠. 이게 어떻게 알려졌냐면 법원 자체 상조회가 있는데(경조사가 있으면 상조회비에서 일정 금액을 지원합니다), 상조회비 정도는 조용하게 받으실 수 있겠다 싶으셨던 거죠. 또 당연히 받아야 하고요. 그런데 이 사실이 담당 직원을 통해서 소문이 났던 거죠. 저를 포함해 고 부장님과 가까운 판사님들이나 직원분들이 난리도 아니었습니다. 서운하다고, 어떻게 그러실 수 있냐고요. 이게 별일 아닌 것 같지만 정말 어려운 일입니다. 제가 아는 어떤 한 분은 법원 대강당에서 법원 직원들 동원해 자기 아들 결혼식 치르며, 온 동네에 알려 어마어마한 축의금 받고, 로스쿨 다니는 아들을 로펌이나 판사들한테 일일이 소개시키고 그랬죠. 고 부장님은 물론 사모님도 훌륭하신 분입니다. 공직자, 특히 법관인 남편에게 누가 되고, 신경 쓰일까 봐 친인척이나 지인들의 부탁은 아예 자기 선에서 전부 잘라버리셨다고 들었습니다. 한번은 고 부장님 장모님께서 사위 내외를 보려고 멀리서 찾아오셨는데, 이런저런 얘기 끝에 주변 사람들의 청원 비슷한 얘기를 꺼내시자 바로 그 자리에서 등 떠밀어 돌려보내셨다는 말씀도 들은 기억이 납니다. 저는 고종주 변호사님을 부장(판사)으로 만난 게 제 인생의 터닝포인트였습니다. 사실 그 전까지 책도 거의 읽지 않았고, 글을 써보려는 생각도 전혀 안 했죠. 이분이 문학에 대단한 애정을 가지신 분이라 저하고 죽이 잘 맞았습니다. 자비출판이긴 하지만 시집도 두 권 냈고, 책도 내셨죠. 시의 수준도 상당합니다. 이분 때문에 글에 대한 열정이 되살아났지요. 사실, 저는 법원으로 온 지 불과 1년 만에 엄청 실망했습니다. 업무는 마음에 들었지만, 판사에 대한 환상 같은 것이 있었는데 그게 와장창 깨져버렸습니다. 그러던 차에 고 부장님을 만났고, '아, 이런 분이 있을 정도면 법원도 있을 만하겠구나'라고 마음을 다잡았습니다. 그리고 그분 뒤만 졸졸 따라온 게 지금까지 와버렸네요. 제가 판사로 있으면서 재판 말고 가장 보람 있었던 사건이 이분 정년퇴임할 때, CBS 모 기자하고 의기투합해 평소 글을 모아 책(《재판의 법리와 현실》)을

내드린 것과(당시 제가 부산 고등 근무할 때인데 그 책 교정본다고
죽는 줄 알았습니다), 이분의 정년퇴임식이었습니다. 보통, 지
방부장들은 조용히 퇴임하는데, 법원장 퇴임식과 비슷한 규
모와 의전으로 대강당에서 전 판사와 직원들을 모시고 성대
하게 치렀습니다. 사모님과 따님들과 형제, 일가들이 다 참석
했었죠. 물론, 제가 감사패 문안을 작성하고 꽃다발도 드렸고
요. 저는 그때나 지금까지도 사모님을 사석에서 뵌 적이 한번
도 없는데요. 단상으로 올라갈 때 사모님과 잠시 눈이 마주쳤
습니다. 당시 사모님의 가벼운 목례와 온기 있는 눈이 잊히지
않습니다. 어떤 감사 표현보다 강렬했죠. 뭉클했습니다.

자꾸 세상은 내다보라고만 하는 것 같다. 착각이다. 돌아봐
야 내다보인다. 돌아보면 그 길에 엄마가 서 있다. 아빠도 서
있다. 아이가 손을 흔든다. 선생님, 선배님, 후배님도 보인다.
혼자 길을 걸어온 것이 아니라는 그 뻔한 진실은 돌아봐야 보
이는 법이다. 고마움이 보이고 미안함이 보이는 법이다. 그
래야 길을 잃지 않는다. 꽃길이 열린다. 물론, 모두에게 그 길
이 열리는 건 아니다. 돌아본 그 길에 아무도 보이지 않는 사
람도 이 세상에는 존재한다. 고마움이 안 보이고 미안함이 안
보이니 부끄러움도 안 보인다. 낯이 두껍다. 후안무치厚顔無恥
라는 말이 그래서 나온다. 돌아본 그 길에 아무도 보이지 않

는다는 걸 숨기려는 사람 또한 분명 있다. 그가 겉으로 무슨 말을 하든, 그런 이가 내다보는 길에 서 있는 사람 또한 항상 혼자일 수밖에 없다. 위선은 그런 것이다. 탐욕을 감추려는 행위다.

누진제

심판자로서, 숱한 탐욕과 양심을 대했던 그였기에 우리는 또 물었다. 앞서 그는 "양심이나 소명의식은 타고나는 걸 수 있다"고 말했다. 반성으로 가는 문은 제각각이다. 누군가에게 자주 열리는 그 문이 또 누군가에게는 평생 안 열릴 수도 있다.

부끄러움을 느끼는 마음에 대한 예민함, 염치에 대한 감도라고 할까요. 역시 타고나는 거라고 보시는지요. 영향을 미치는 후천적 요인은 무엇일까요.

타고나는 것이라고 생각됩니다. 거기에 환경까지 뒷받침되면 그 유전적 기질이 더욱 강화되겠죠. 제 선친이 거의 말씀을 안 하셨는데, 딱 한 번 제게 충고 말씀을 하신 적이 있습니다. '넌 너무 세상을 비관적으로, 비판적으로 본다'고요. 그 외에 살면서 달리 싫은 소리를 들은 기억이 없는 걸 봐서, 아마

선친은 어린 나이임에도 염세적인 저를 정말 걱정하신 것이 아닌가 생각합니다. 또 저는 부끄러움을 많이 타는 만큼 상처를 잘 받는 체질이기도 합니다. 세상을 비판적으로 보고 상처를 잘 받는 게 어지간하면 장점이 될 순 없는데, 판사라는 직업은 좀 다릅니다. 비판적인 시각이야 말할 것이 없고, 자신이 상처를 잘 받기 때문에 타인의 고통도 비교적 잘 느끼는 것이 아닌가 하는 생각이 들 때가 많습니다. 그래서 제가 타인에게 주는 상처는 정말 끔찍하게 견디기 어렵고요. 사람들과 어울리지 못하고 불화할 때면 저는 정말 제 몸에 가시가 있어 누군가 다가오려 할 때마다 상처를 주는 건 아닌가 자책한 적이 많았습니다. 그런데 곰곰이 생각해보니 제 몸에 난 가시는 거꾸로 자란 가시가 더 많더군요. 사람들과의 관계에서 제가 상처받는 경우가 훨씬 많았고, 상처의 정도도 훨씬 더 심각했으니까요. 제 나름대로 표현하면, 염치의 감도는 거꾸로 난 가시의 비율인 것 같습니다. 제 몸을 파고드는 가시가 많은 사람들은, 사람과 세상과의 접촉에서 그렇지 않은 사람들보다 부끄러움, 죄의식, 타인의 고통을 더 잘 느끼는 것 같습니다. 더 상처받고요. 염치의 감도를 높이는 문제는 뻔한 이야기지만 타인의 이야기와 고통에 귀 기울이고 공감하는 것이겠죠. 직접 경험이 가장 좋겠습니다. 15평 아파트에서 5인 가족이 살아보지 않은 사람은, 그 공간의 협소함과 그 협소함이 어떻게 한 가족을 서로 미워하게 만드는지 디테일하게 알기 어렵습니다. 교도소에 따라서는 한 평에 두 명까지도 수용된다는 그곳에 수감되어 보지 않으면 여름 징역살이가 어떻게 인간을 증오하게 만드는지 알 도리가 없겠죠. 문제는 직접 경험을 모두 할 순 없는 노릇이니 책이나 기사, 영화 등을 통해 타인의 삶을 상상으로나마 간접 체험해볼 수밖에는 없다는 것이죠. 그런데 더 문제는 염치의 감도와 공감능력을 타고난 사람들은 더욱더 그러한 정보에 접근하려 하고, 더 많이 느끼려 함에도, 그렇지 않은 사람들은 그런 정보 자체를 싫어하고, 설령 접한다 하더라도 크게 공감하지 않는다는 점이죠. 자본처럼 염치도 빈익빈 부익부가 된다는 점이 가장 큰 문제로 보입니다. 이건 쉽게 바꿀 수도 없습니다. 다만, 염치 감도를 높이기 위한 유일한 방안은, 염치와 공감능력을 갖추고 상처받기 쉬운 사람들이 계속해서 우리 사회의 치부에 대해 발언하고, 문제제기하고, 도발하고, 고발해서, 그렇지 않은 사람들을 끊임없이 자극하고 상처 입혀야 한다고 생각합니다. 특히 지식인, 전문가 그룹, 저희처럼 쇠망치를 든 사람들일수록 더욱더 침묵하지 않아야 한다고 생각합니다.

그런 생각을 행위로 옮긴 것이 그의 양형 이유다. 세상의 부끄러움을 법원으로 불러내는 송달장이다. 부끄러움을 느낀다면 말해야 한다. 그게 사회적 치부에 관한 것이라면 더더욱 그렇게 해야 할 책임이 힘 있는 사람들에게 있다는 것이다. 그렇지 않은 사회에서 전염되는 것이 몰염치다. 박주영 판사는 제안했다.

사회적 몰염치를 줄이기 위해서는 어떻게 해야 할까요. 그리고 염치에 대한 감도가 높은 사회가 더 인간적이고 더 바람직한 사회라고 보시는지요.

솔직히 말씀드리면, 잘 모르겠습니다. 마지막 질문으로, '염치에 대한 감도가 높은 사회가 더 인간적이고 더 바람직한 사회라고 보시는지요?'라는 이 질문은 정말 염치없으십니다.(웃음) 지금까지 계속 이 얘기만 했는데 이제 와서 '꼭 그렇게 생각하진 않습니다'라고 얘기하면 미친 놈 아닌가요?(웃음) 그런데 정말 저는 반드시 그렇다고 생각하지는 않습니다. 부끄러움은 정말 중요한 가치이기는 하지만, 저는 기본적으로 우리 사회가 타인의 시선, 사회적 평가, 체면 같은 것에 너무 짓눌렸다고 생각합니다. 개인적으로 제가 태생적으로 가지지 못한 자유분방함, 발랄함 같은 게 참 부럽습니다. 1년간 미국 연수 때도 참 우리는 우울하게 산다고 생각했고요. 개인 성향과 달리 아이러니하게도, 저는 우리 사회가 너무 염치에 억눌리지 말고 좀 더 키치Kitsch(진지함과는 거리가 멂)해졌으면 좋겠습니다. 병맛도 훨씬 더 많아지고요. 우린 때로 너무 '엄근진하게' 사는 게 아닌가 하는 생각이 들 때가 많습니다. 웃자고 한 얘기에 죽자고 달려들죠. 형사사건에서는 정말 웃자고 한 얘기에 사람이 죽습니다. 염치가 중요하지만, 어쩌면 우리는 지금까지 충분히 염치에 짓눌려 살아왔는지도 모르겠습니다. 이제 우리도 타자의 시선에서 느끼는 부끄러움에서 좀 더 자유로워졌으면 좋겠습니다. 다만, 그 전제로 한 가지는 우리 모두 꼭 다짐했으면 좋겠습니다. 약자를 향해서는 반드시 염치를 느끼기로요. 염치의 가중치에 대해서도 생각해봤습니다. 한 사회나 개인이라는 배가 더 나은 목적지로 운항할 수 있도록 하는 조류나 편서풍 같은 것으로서, 모든 사회 구성원이 나름의 위치에서 꼭 갖춰야 할 덕목이라고 생각합니다. 다만, 그 바람을 사회 구성원 모두가 똑같은 양으로 맞을 수는 없다고 생각합니다. 몸이 불편한 사람이 붐비는 지하철 빈자리로 쏜살같이 돌진하는 것을 두고 염치없다고 하지 않습니다. 건장한 청년이라면 염치없는 짓입니다. 가난한 집 아이들이 마트 시식코너를 누비고 다닌다고 염치없다고 하지 않습니다. 부잣집 아이들이라면 조금은 염치없습니다. 유리지갑 회사원이 한 푼이라도 절세해볼 요량으로 세법을 요리조리 피하며 아등바등하는 것을 염치없다고 하지 않습니다. 재벌이라면 염치없는 짓입니다. 퀵배달 아저씨가 배달료 2,000원을 더 받으려고 신호 위반하는 것을 염치없다고 하지 않습니다. 국회의원이라면 염치없는 짓입니다. 못 배우고 없는 사람들은 부끄러움을 좀 덜 느끼고, 좀 더 뻔뻔하게 살아도 되지 않을까요? 저는 염치는 권력과 자본, 부와 사회적 책임, 지식과 정보가 집중된 곳에 누진 적용되어야 한다고 봅니다. 그래서 저희 같은 사람들이 욕을 더 먹는 것이겠죠. 판사가 아니라 아저씨 입장에서 말씀드리면, 그래서 저 역시 요즘 누진적으로 더 화가 나나 봅니다.

반성으로 가는 문은 다 이어져 있다. 누군가 양심을 두드리면 다른 사람의 문도 열린다. 탐욕으로 가는 문 또한 연쇄 작동한다. 누군가의 탐욕이 잘 번지는 것도 그래서다. 사회적 치부는 그렇게 만들어진다. 그걸 누구보다 잘 아는 목격자로서 판사 박주영은 강조한다. 외면해서도 안 되고 쉬쉬해서도 안 된다고, 그렇게 함으로써 끊임없이 다른 사람들의 문을 두드려야 한다고. 부끄러움을 느낀다면 말이다.

그래서 그는 정의를 이렇게 규정했다.

"정의는 염치를 안다."

고래

박주영 판사의 '양형 이유' 중 하나를 골랐다.

2015년 울산에서 일어났던 고래고기 판매사건 판결문이었다. 이례적인 판결을 담고 있었다. 불법으로 사냥한 사람이 실형을 받는 경우는 있었지만, 그 고기를 식당에서 판매한 사람에게 실형을 선고한 것은 그때가 처음이었다고 했다. 박주영 판사는 당시 식당 주인에게 징역 1년의 실형을 선고했다. 우리는 그 이유 중 일부를 발췌해 전송했다.

"우리 시대 고래는 더 이상 어족 자원이 아니라, 생명성과 바다를 상징하는 경이로운 생명체이자, 위대한 자연 그 자체다. 어떤 시구처럼, 아이들은 푸른 바다 위를 타앙탕 힘차게 꼬리 치며 항진하는 고래를 보며 온갖 상상을 하고, 시인들은 기꺼이 생명을 노래한다. 전 인류의 노력으로 일부 고래의 개체수가 회복되고 있다는 연구 결과에도, 고래의 멸종이라는 불길한 예감을 쉽사리 떨쳐낼 수 없는 이유는, 통제되지 않는 인간의 탐욕, 그것의 끝을 알 수 없기 때문이다. 고래가 자주 출몰한다는 울산 지역에서조차 산 고래 구경하기는 하늘에서 별 따기이나 죽은 고래는 식당마다 넘쳐난다. 고래를 포획하고 유통, 판매하는 것이 비난 가능성 높은 범죄라는 점을 거듭 환기하고자 함은, 도도새를 비롯해 인간의 탐욕으로 멸종

되어 사라져간 수많은 비잠주복飛潛走伏(나는 새, 헤엄치는 물고기, 달리는 짐승, 기는 벌레를 통틀어 가리키는 말), 그 숨 탄 것들처럼, 고래를 더 이상 아이들의 그림책 속에서만 볼 수 있는 존재로 남겨둘 수 없기 때문이다. 죽은 고래의 고기 몇 점을 앞에 두고 자연을 노래할 시인은 어디에도 없다."

수신자는 청주동물원 김정호 수의사였다.

공존을 지속 가능하게
만드는 마음,
염치

김정호 수의사에게 전화를 걸었다. 그제야 글을 쓴 사람이 판사라고 밝혔다. 판결문 중 일부라고 했다. 전화기 너머로 놀라움이 느껴졌다. 아니, 그보다는 반가움이 밀려왔다.

"의외네요. 학생들과 함께 있는 분인 줄 알았어요. 지구를 위해 좋은 상상을 하도록 만드는 직업을 가진 분이요. 낭만적이네요. 판결문에 이런 글이 들어 있는 거잖아요. 굉장히 마음이 따뜻해져요. 이렇게 사회가 변했으면 좋겠다는 생각이 드네요. 글을 보면서 우리가 왜 꼭 채우려고 할까 하는 생각이 들었어요. 고래고기 먹어봤다는 사람들 꽤 있어요. '되게 냄새 나. 그거 요리 잘못하면 안 먹느니만 못 해', 이런 얘기 되게 많이 듣거든요. 말초적인 자극을 위해 굳이 왜 우리 상상력을 없앨까."

그리고 지난겨울, 고래를 봤다고 했다.

"연구를 마치고 고무보트를 타고 나오던 중이었어요. 그때 마지막으로 본 게 고래예요. 누가 '고래다'라고 외쳤어요. 탄성이 쏟아졌죠. 그리고 그냥 바라보면서 '아……' 하고 계속 있었던 거 같아요. 아무도 말하는 사람이 없었어요. 고래가 수면 위로 잠깐 올라왔다 사라지는데, 고래 전체 모습을 본 것도 아니고 꼬리 정도만 본 건데도, 그래도 상상할 수 있잖아요, 그 순간에. 주위 환경이 너무 아름다워서 더 그랬을 수도 있는데, 정말 감동적인 순간이었어요."

그곳은 남극이었다. 그의 직장은 청주동물원이다.

Garden, Zoological

동물원은 감옥이자 둥지다. 인간의 탐욕이 만들어낸 감옥이다. 죽어야만 그곳에서 벗어날 수 있다. 감옥에서 삶을 시작한 동물은 그곳을 벗어나서는 살기 어렵다. 그래서 또한 둥지다. 이를 잘 보여주는 다큐멘터리영화가 〈동물, 원〉이다. 왕민철 감독이 청주동물원 동물과 이들을 돌보는 수의사, 사육사를 3년 동안 촬영했다. 멸종 위기에 놓인 야생동물들을 정성스럽게 돌보는 그들의 모습도 담겨 있다.

영화에서 청주동물원 신용묵 수의사는 이렇게 말한다.

"사람에 의해서 산림이나 자연환경이 소멸되고 점점 황폐화되잖아요. 그럼으로 인해서 애들이 살 공간이 점점 없어져요. 그럼 걔들이 멸종될 수밖에 없어요. 서식지가 없으니까. 애들을 자연에서 사라지지 않게 하기 위해서는 종 보전의 역할이 중요하구요. 그래서 동물원이 그런 면으로는 필요하고, 그렇지만 동물을 위해서는 필요 없는 거죠. 동물들 입장에선 필요 없다고 봐요."

참 가혹하고 잔인한 곳이다. '죄'는 동물로 태어났다는 것뿐인 데도 평생 그곳을 벗어날 수 없으니까 가혹하다. 평생 사람들 시선을 맞받아내야 삶을 이어갈 수 있으니 잔인하다. 동물을 사랑하는 사람에게는 그 가혹함과 잔인함이 더 크게 다가올 것이다. 동물을 사랑해서 동물원을 일터로 선택한 사람에게는 또한 그 가혹함과 잔인함이 더 잘 보일 수 있다.

"호랑이가 3, 4미터를 까딱까딱 다니는 그런 방사장에서 생활하고 있는데, 일단 동물에 맞는, 살 만한 장소를 확보해주는 게 최우선이라고 봐요. 관람객들이야 머물다 가는 거고, 동물들은 그곳에 계속, 영원히, 태어나서 죽을 때까지도 있는 건데."(청주동물원 전은구 사육사, 〈동물, 원〉 중)

그래서 동물원은 사람 마음을 찌르는 곳이기도 하다.

"아프면, 싫은 것보다는 밉죠. 밥도 안 먹고 하니까. 가끔 미울 때도 있는데, 그래도 동물들한테는 제가 전부인 거잖아요. 제가 맡고 있는 동물들한테만큼은. 그러니까, 그 기대에 부응하고 싶고…… 모르겠어요. 그냥 동물이 좋아요. 흐흐흐……. 그래서 땅이 엄청 넓었으면 좋겠어요. 갇혀 있다는 생각이 안 들 정도로. 불쌍하다, 안쓰럽다는 생각이 안 들 정도로. 그런 넓은 공간에서 사육하고 싶어요, 동물들을."(청주동물원 박영식 사육사, 〈동물, 원〉 중)

그 마음을 행동으로 옮긴 동물원이었다.

"이 방사장이 좁다고 해서, 넓혀줄 수 있는 거는 저희가 할 수 있는 범위에서 벗어나는 그런 지점이구요. 저희는 그 좁은 방사장에 어떤 풍부화를 해주면 동물들이 그나마 이 좁은 공간을 활용해서 행복할 수 있게 해줄 수 있나, 저희가 하는 직업이 그거거든요."(청주동물원 권혁범 사육사, 〈동물, 원〉 중)

그들은 우리 안에서 뱅뱅 도는 표범을 위해 길(원형 통행로)을 내줬고, 나무속에서 먹이를 빼먹는 습성을 가진 동물을 위해 대나무 속에 먹이를 줬으며, 높은 곳에 올라가는 걸 좋아하는 동물에게는 '캣 타워'를 만들어줬다. 〈동물, 원〉에 나오는 청주동물원은 그런 곳이었다. 그 찔림, 그 미안함을 덜어내려는 행위가 실제 일어난 장소였다. 그 한복판에서 그래도, 김정호 수의사(진료사육팀장)는 묻고 있었다.

"하루를 살아도 밖에 자유롭게 돌아다니는 걸 좋아하지 않을까요?"

잠깐이라도 뒷짐을 지고 어슬렁어슬렁 돌아다닐 수 있도록 만들어진 공간이 인간에게는 있다. 사랑하는 상대와 손을 맞잡고 한 걸음 한 걸음 함께 내디딜 수 있는 그런 장소, 정원이라 불리는 곳이다. 〈동물, 원〉의 영어 제목은 'Garden, Zoological(동물학적인 정원)'이다. 그 정원에 가기 위해 청주행 버스를 탔다.

김정호 수의사를 만났던 날, 하늘이 참 파랬다. 가을이었다.

독수리 두 마리

독수리가 우리에 있었다. 자연의 품에서 자라 하늘을 자유롭게 날아다니던 독수리였다. 허나 그 부리가 자유롭지 못했다. 비뚤어져 윗부리와 아랫부리가 서로 맞지 않았다. 강력하지 않은 부리는 상대에게 위협적이지 않았다. 자신의 깃털을 다듬는 것도, 부리 안에 먹이를 넣는 것조차 힘겨웠다. 굶어 죽기 직전 사람에게 구출됐다. 충북야생동물센터로 옮겨졌다. 그 독수리는 이름이 없었다.

그곳에서 차로 20분 정도 소요되는 거리에 청주동물원이 있다. 그곳에서 자란 독수리 이름은 '청주'였다. 자유롭게 날

아다니기에 우리는 너무 좁았다. 많이 가봐야 2~3미터였다. 청주동물원과 충북야생동물센터는 두 독수리를 맞바꿨다.

이름 없는 독수리에게는 감옥이 둥지가 됐고, '청주'에게는 세상이 둥지가 됐다. '청주'가 그걸 좋아할까? 청주동물원에서 김정호 수의사를 만나 던진 첫 질문이었다. 그는 머리를 긁적이며 말했다.

"사실 모르겠어요. 새니까."

하지만 그는 분명하게 알고 있었다. 새의 몸은 날기 위한 구조로 돼 있다는 것. 그 구조가 유전자에도 녹아 있다는 것. 그리고 동물원은 날 수 없는 공간이라는 것. 그의 말은 이렇게 이어졌다.

"'청주'가 동물원에서 나가고 싶었는지는 모르겠지만, 날고 싶다는 생각은 들지 않을까요."

우문愚問에 우답愚答이었다. 독수리의 마음을 어떻게 알까. 그러니 또한 분명했다. 지극히 인간적인 결정이었다는 것. 지극히 인간적인 결정은 탐욕보다는 양심을 따를 때 이뤄진다. 김 수의사가 양심을 이야기했다.

"야생에서 동물을 잡아다가 죽을 때까지 전시하는 건 윤리적이지 못하다고 생각해요. 보호받아야 할 동물은 여생을 동물원에서 보내고, 나갈 수 있는 동물은 내보내는 게 동물원의 역할이지 않을까요? '청주'는 동물원에서 20년쯤 살았으니,

여생 10여 년은 자유롭게 날면서 살아봐도 좋지 않을까요."

현답賢答 같았다.

창살 너머 그 독수리가 보였다. '청주'와는 반대로 동물원이 둥지가 된 독수리. 김 수의사는 "식탐이 많고 삶의 의욕도 넘쳐 동물원 독수리 사이에서 높은 서열에 올랐다"고 했다. 어쩌면 당연한 일이었다. 세상이라는 둥지는 험한 곳이기도 하니까. 야생에서 생사의 고비를 숱하게 넘겼을 그 독수리에게 청주동물원은 '하나'라는 이름을 붙여줬다. 비뚤어진 부리라도 하나같이 움직였으면 좋겠다는 바람을 담았다고 했다.

'청주'는 훈련 중이다. 자신의 유전자에 녹아 있는 비행 본능을 깨우기 위한 날갯짓을 하고 있다. 당초 예상보다는 방사가 늦어지고 있다고 했다. 세상이 둥지가 된다는 것, 시간이 필요한 일이다. 어려운 일이다. 때로는 감옥보다 훨씬 더 위험하고 잔인한 곳이 세상이다.

곰 세 마리

붉은 감옥. 드론 카메라가 하늘에서 바라본 그 세상은 비참했다. 철창들이 다닥다닥 붙어 있었다. 녹이 슬어 붉게 변해버린 창살 사이로 곰들이 보였다. 웅담 채취를 목적으로 사육되는 곰들이었다. 서성거리고 빙빙 돌고 있었다. 정형행동이라고 했다. 사육되거나 좁은 곳에 갇혀 있는 동물에게 생기는 일종의 정신질환이란다. 낯선 사람들 모습에 곰들은 더 흥분한 듯했다. 뉴스 화면이 긴박하게 돌아가고 있었다. '슛' 소리와 함께 마취총을 맞은 곰이 철창을 향해 뛰어올랐다. 들것에 실린 곰이 잠들어 있었다. 하늘을 향해 네 발을 펼치고 있었다. 그중 발 하나를 잡아 든 사람의 손, "시멘트 바닥에서 오래 생활해서 그런지 발바닥에 상처가 있다"고 했다. 김정호 수의사였다.

2018년 12월 7일, 그날 KBS는 국내 최초의 '사육곰 구출 작전'이라고 소개했다. 다른 인간의 탐욕을 억누르는 힘이 다른 인간의 양심에 있다는 걸 보여주는 사건이기도 했다. 환경단체 녹색연합을 중심으로 시민들이 돈을 모았다. 그 돈으로 곰 네 마리가 붉은 감옥에서 벗어날 수 있었다. 세 마리가 청주동물원으로 왔다. 개 사료만 먹던 곰들은 그날 평생 처음으로 사과를 먹었다. 당근도 먹었고 계란도 먹었다. 닭고기도 입에 물었다. 그들에게는 각각 '반이', '달이', '들이'라는 이름이 새로 생겼다. 청주동물원이 그들에게는 둥지가 됐다. 앞서 보였던 정형행동이 나아질 것 같냐는 질문에 김정호 수의사는 "완전히 개선되긴 어렵겠지만 행동 풍부화 프로그램과 약물처치 등을 하면 좋아질 것이라 예상한다"고 답했다.

좋아 보였다. 시멘트 바닥이 아니었다. 풀이 자라는 흙이었다. 바위가 곳곳에 있었고 나무도 있었다. 우리가 참 넓었다. 곰은 바위에 앉아 있기도 했고, 우리에 길게 놓여 있는 통나무 위로 기어오르기도 했으며, 바위에 두 팔을 올리고 잠시 생각에 빠진 듯한 모습을 보여주기도 했다. 정형행동은 보이지 않았다. 우리 바깥에 세워져 있는 플래카드가 '사육곰 구조에 도움을 주신 분들'의 마음을 기억하고 있었다. 녹색연합 후원자 668명, 해피빈 후원자 3,640명. 김정호 수의사를 만난 그날, 우리는 그 곰을 만났다. 다른 두 곰은 보이지 않았다.

"동물원 동물들도 사람들한테 보여지기 싫은 시간이 있을 거잖아요. 숨을 공간이 필요하죠. 그래서 내실(방사장과 구분된 동물 생활공간) 문을 열어둬요. 그럼 관람객이 동물을 잘 못 볼 수도 있죠. '호랑이 꼬리만 보고 왔어' 그럴 수 있죠. 그렇지만 꼭 봐야 하나요? 꼬리만 봐도 상상할 수 있잖아요." 그는 또 말했다. "동물을 그냥 '전시하는 동물'로 보는 분들도 있었죠. 저는 그게 아니었으니까 힘들었어요."

저절로 다음 질문이 이어졌다.

그럼 동물은 뭔가요?
최소한 공존, 같이 가야 할 대상이죠. 착취의 대상이 아니라, 제가 돌보는 대상이 존중받아야 결국 스스로도 존중받을 수 있는 거 아닐까요? 어떻게 보면 저를 위한 것일 수도 있어요.

스라소니 이야기

지구도 감옥이자 둥지다. 지구 바깥에서는 극히 몇몇을 제외하고는 단 1초도 살 수 없다. 갇혀 있어야 살 수 있다. 인간만 그런 것이 아니다. 고래도 그렇고, 표범도 그렇고, 독수리도 그러하며, 곰도 그러하다. 이 중 누구라도 없어지면 생태계라 불리는 질서는 깨진다. 지구라는 둥지에 금이 간다. 네가 살아야 나도 산다. 공존은 그런 것이다. 이렇게 보면 복원은, 네가 다시 살아나면 나도 더 살 수 있다는 희망을 갖게 만드는 행위다.

인간의 탐욕으로 갈라지거나 터져 둥지에 생긴 자국을 다시 메우는 그 일, 김정호 수의사도 하고 있다. 김 수의사는 지리산 반달곰 복원팀과 일한다. 늑대 복원 사업에도 참여했다. 청주동물원 마스코트는 스라소니다. 역시 멸종 위기에 놓여 있는 동물이기도 하다. 그는 우리에게 말했다.

"스라소니가 자연으로 돌아가면 생태계 균형도 이룰 수 있죠. 스라소니 정도면 사람 생명을 위협하지 못하는 선에서 최근 문제되는 멧돼지 등의 개체 수 조절도 자연스럽게 이뤄지지 않을까요. 멸종위기종을 보존하고 보호한다고 말은 하는데, 그 뒤로 철창이 보이면 뭔가 앞뒤가 안 맞잖아요. 일관성이 있어야 해요. 멸종위기 동물이 방사까지 이뤄져야 의미가 있어요."

그래서, 그가 지향하는 동물원은 '생츄어리Sanctuary(안식처)' 같은 곳이다. 세상에서 살 수 없는 동물들이 모여 편히 쉴 수 있는 곳이다. '노아의 방주' 같은 곳이기도 하다. 때가 되면 "내보낼 수 있는 동물은 내보내는 곳"이다. 인간의 탐욕으로부터 동물들을 지키는 곳이다. 그가 하필 '토종동물' 생츄어리라고 선을 긋는 것도 그래서다. 그가 꿈꾸는 동물원에는 북극곰이 없다. 그는 "관람객한테는 멸종 위기와 환경의 중요성을 얘기하면서, 추운 지방에 사는 동물 데려다가 고생시키는 것, 따뜻한 곳에 사는 동물 데려다가 불 때려 넣고 관람객한테 보여주는 것, 그건 다 거짓말하는 거 아니냐"고 말했다. 탐욕을 숨기는, 위선적인 동물원이란 이야기다.

점과 점

그날, 김정호 수의사의 입에서 위선이란 단어가 나온 것은 그래서 뜻밖이었다.

"사실 위선처럼 보일 때가 있어요. 동물한테 뭘 해주려다 보면 끝이 없거든요. 좀 더 공부해야 하고, 좀 더 좋은 치료를 해야 하고, 그러려면 집에 가서도 계속 공부해야 하는데 그렇게까지는 안 하니까요. 남들이 위선 떤다고 할까 봐 일부러

위악을 떨기도 해요. '나 실은 나쁜 사람이야' 이러면서요. 영화에서도 그렇고, 인터뷰에서도 그렇고, 거창하게 말은 해놨는데 실상의 삶은 그렇지 않을 수 있으니, 부끄러운 거죠."

그는 "〈동물, 원〉 영화를 볼 때마다 부끄럽다"고 했다. "찔린다"고도 했다. 그래도 우리는 거듭 물었다. 공공동물원 수의사로 염치를 지키려고 애쓰는 걸로 보인다고 '우겼다'. 그는 "돈 받고 하는 일인데 당연한 것 아니냐"고 했다. 거듭 같은 말을 하며 김 수의사는 이런 말도 했다.

"원래 이쪽 일 하시다가 그만두고 농장에서 사육되는 곰 찾아다니면서 해먹 달아주는 분이 계셔요. 하루 종일 할 일 없어 밥 먹는 시간만 기다리는 그런 곰들에게 해먹 하나 달아주면 올라갔다 내려갔다 할 일이 생겨요. 걔들한테는 큰 복지죠. 그런 분도 계신데요, 뭘. 근무 시간 내에 이 정도 하는 건 직업 윤리죠."

박주영 판사도 그랬다. "말은 이렇게 그럴듯하게 하고 있지만 저도 많이 위선적"이라고 했고, "내가 개인적으로는 이렇게 행동하면서 직업적으로는 다른 모습 보인다는 것, 정말 염치없는 짓이라고 생각한다"는 말도 했다. "자신이 생각하는 목표나 가치, 또는 이상적으로 보는 사람의 모습, 이걸 따라가지 못한다는 것에 대한 부끄러움이 염치 같다"고 했던 그의 말처럼, 김 수의사 역시 점과 점 사이의 거리를 의식하는 사람이었다.

2011년 3월 5일, 어떤 점 하나.

그의 나이 서른일곱이었다. 복제에 성공한 수컷 늑대 '대한이'가 청주동물원에서 암컷 늑대와 함께 지내게 됐다는 소식이 알려졌다. 자연번식에 성공하면 생태계 복원에 획기적 전기가 될 것으로 기대된다고 했다. 뉴스 화면에 김정호 수의사가 나왔다.

"지금 보면, 둘 사이가 상당히 좋은 걸 알 수 있어요. 뭐 식욕도 경쟁적으로 밥을 먹어서 그런지 더 잘 먹는 거 같고, 건강 상태도 썩 좋아 보입니다."

바람이 심하게 부는 날이었다. 그의 머리가 연신 흩날렸다. 그의 얼굴에서 미소가 떠나지 않았다.

그의 나이 서른아홉이 됐다. 방송 뉴스 화면에 그가 다시 등장했다. 침울한 표정으로 그는 말했다.

"동작과 소리에 반응을 했는데 피할 공간이 충분치 못하다 보니까……." 잠깐 숨을 들이쉬었다. "이렇게 두부에 충격을……." 잠깐 눈을 감았다 떴다. "받아 가지고 폐사한 걸로……."

앞서 기자는 환경부가 정한 멸종위기종 흰꼬리수리가 청주동물원에서 폐사했다고 전했다. "전국적으로는 6년 동안 1,800여 마리가 폐사했다"면서 "대부분의 동물원에서는 동물들이 비좁고 열악한 공간 안에서 지내고 있다"고 지적했다.

2013년 10월 4일이었다. 그의 얼굴 살이 서른일곱 시절에 비해 많이 빠져 있었다.

2015년, 김정호 수의사는 마흔하나가 됐다. 가을, 충북대학교 수의과대학 홈커밍데이 행사가 열렸다. 그는 후배들 앞에 섰다. 옛날 동물원부터 지금 동물원까지 어떤 변화가 있었는지 설명했다. 더 괜찮은 동물원에 대한 자신의 소신도 밝혔다. 그때 모습이 단체사진에 남아 있었다. 그는 맨 앞에서 네 번째 줄, 오른쪽 귀퉁이에 후배들과 자리하고 있었다. 미소를 머금고 있는 듯 보였다. 그해, 갓 마흔이 된 왕만철 다큐멘터리 감독을 처음 만났다.

2017년, 김정호 수의사는 박사가 됐다. 그의 나이 마흔셋. 논문 키워드는 삵이었다. 혈액 검사 결과를 어떻게 분석하는지, 어떻게 마취를 시키는 게 바람직한지, 그리고 정액을 어떻게 보관하는지 등을 다뤘다. 멸종위기종 삵과의 지속 가능한 공존을 연구한 결과물이었다. 박사모를 쓴 그 얼굴, 활짝 웃고 있지 않았다. 앙 다문 그 입술에서 뭔가 해냈다는 자부심이, 또는 뭔가 해야 한다는 책임감이 느껴지는 듯했다.

어느 봄날

2019년 가을이 지났다. 겨울도 지나갔다. 해가 바뀌고, 사무실 근처에 있는 남산골 공원에서 철쭉인지 진달래인지 입씨름을 하던 그 계절이 돌아왔다.

창밖에 보이는 남산으로 노란 물결이 흐르던 어느 날, 전화기 너머에서 그는 지난겨울 이야기를 하고 있었다. 김정호 수의사는 펭귄 연구 권위자인 이원영 박사의 펭귄 뇌파 연구를 돕기 위해 남극을 다녀왔다. 연구 과정에서 필요한 펭귄 마취와 진료 등이 그의 책임이었다. 연구 기간은 2주. 그들은 세종 기지 근처에 머물렀다. 남극 특별보호구역 나레브스키 포인트 171, 펭귄 마을이라 불리는 곳이었다. 연구 마지막 날, 고래를 봤다며 "정말 감동적인 순간이었다"고 소감을 전했다.

통화를 마치고 김정호 수의사가 영상 두 편을 보냈다. 하나에는 그가 말한 대로 조디악이라 불리는 고무보트에서 동료들과 함께 고래를 목격한 순간이 담겨 있었다. 또 하나의 영상에는 음악이 흐르고 있었다. 그를 수의사의 길로 인도했다는 영화 〈아웃 오브 아프리카〉 주제곡 〈아이 헤드 어 팜I Had A Farm〉이었다. 자신이 직접 만든 영상이라고 했다.

하얀 눈밭, 파란 바다, 그 아름다운 배경을 품고 움직이는 것은 오직 펭귄들뿐이었다. 뒤뚱거리는 그 모습이, 아름다웠다. 빨간 바지를 입은 다리가 보였다. 그 바로 옆에서 입을 맞추는 펭귄이 보였다. 수백 마리 펭귄 한가운데 그들이 서 있었다. 그 모습이 평화로웠다. 그리고 세 사람이 웃고 있었다. 그 가운데 김정호 수의사의 얼굴은, 이제까지 본 중 가장 환했다. 그리고 영상에 흐르는 마지막 자막.

"사람과 동물이 서로 허용하는 이곳은 공존의 땅 남극입니다."

그 마음이 느껴졌다. 탐욕으로부터 둥지를 지키고 공존을 가능하게 만드는 그 마음, 때로 둥지를 정원으로 만드는 마음이 염치다.

2부

어떤 선택을
할 것인가

몰염치한
'양돼지'
이야기

황금색 놋그릇을 통통 친다. 국을 더 달라는 의미다.

영화 〈광해, 왕이 된 남자〉 속 한 장면. 하선(이병헌 분)은 이미 잡채를, 나물을, 김치를 입안 가득 욱여넣었다. 그러고도 "그거 이리 가져오너라"며 다른 밥상에 올린 음식을 탐했다. 국마저 꿀떡꿀떡 마셔 국물 한 방울 남지 않았다. 꿰어진 꼬치 산적을 빼 먹고 모든 밥과 반찬을 싹싹 비운 후에야 "내어 가거라" 일렀다. 입에 남은 반찬을 씹어가며 "어후 잘 먹었다" 하는 하선을 보고, 코를 바닥에 처박은 나인들은 고개를 갸웃거렸다. 평소 광해답지 않아서다.

그는 저잣거리 만담꾼이었다. 밥, 국, 김치, 장, 조치(찌개),

찜, 전골에 12첩 반찬을 더한 임금님 수라상을 처음 받아본 하선은 "나도 어디 가서 먹는 걸로 빠지지 않는데 말이요, 전하께서 먹성이 엄청나셨나 보오"라며 감탄을 금치 못했다. 그러자 조 내관은 "전하께서 남기신 어식으로 수라간 궁녀들이 요기를 하옵니다"라며 언질을 줬다. 기가 찬 하선, 눈알을 때굴때굴 굴리며 "허면 죙일 굶었단 말이요, 나 때문에?"라 묻는다.

며칠 후 다시 수라상을 받은 하선. 앞서 수라상을 받을 때와 달라졌다. 숟가락을 들고 엎드려 있는 나인을 한번 쓰윽 쳐다본다. 팥죽을 한 입 먹고는 "누가 만들었냐" 묻는다. 어릴 적 먹던 그 맛이라며 흡족해한 그는 "오늘은 이걸로 됐다. 수라를 내 가거라" 명한다. 이를 지켜보던 조 내관은 슬며시 웃고, 밥그릇과 숟가락을 손에 든 궁녀들은 나란히 걸터앉아 허겁지겁 배를 채운다. "이게 얼마 만에 맛보는 쌀밥이냐"며 환히 웃는다.

하선은 자신 때문에 굶었을 나인들에 '찔렸다'. 그래서 슬쩍 나인의 '눈치'를 보게 됐다. 그 '찔림'이 12첩 반상을 싹싹 긁어 먹던 대단한 먹성을 "팥죽이면 되었다"로 바꾸게 했다. 그리고 광해의 대역으로 궁궐에 들어온 하선은 점차 '왕의 자리'에 걸맞은 사람이 되어간다. 자신의 식욕만 채우려 하지 않고 종일 굶었을 나인들을 위해 수라상을 물리는 행위가 그

첫발이었다. 이 식사 장면은 그래서 꽤나 상징적이다. 양심에 찔리는 마음, 염치가 작동했고 그 덕에 누군가는 배가 불렀다.

영화에나 나오는 장면인 줄 알았다. 그런데 조선의 선비들은 실제로 노비를 위해 밥을 남겼다고 한다. 역사학자 이덕일 한가람역사문화연구소 소장은 이렇게 말했다.

"조선시대 선비가 사대부 집에 손님으로 가서 밥상을 받잖아요. 그런데 밥을 다 먹어버리면 염치가 없다 했습니다. 밥을 남겨야 종들이 먹으니까요. 사대부가 어느 집 종의 눈치를 보는 겁니다. 배가 너무 고프면 다 먹고 싶은 게 본능이죠. 그 욕망을 누르는 게 염치입니다. 그래서 보통 양반들은 밥의 3분의 1만 먹고 물려줬습니다."

그리고 "조선의 시대정신은 염치"라고 말했다.

《조선왕조실록》에 2,067번 등장한 '염치'

국사편찬위원회가 만든 《조선왕조실록》 홈페이지에서 '염치'를 검색해봤다. 국역본 검색 결과 2,067번이나 등장했다.

"예의염치는 나라의 사유四維이니 하루도 없어서는 안 된다."(태종 10년, 1410)

'예의염치'에서, 예禮는 예절, 의義는 의리, 염廉은 청렴, 그리고 치恥는 부끄러움을 아는 태도를 각각 뜻한다. 더불어 사유四維란, 중국 춘추시대 《관자管子》에 등장하는 말이다. 나라에는 네 벼리(뼈대)가 있는데, 한 벼리가 끊어지면 기울고, 두 벼리가 끊어지면 위태하고, 세 벼리가 끊어지면 전복되고, 네 벼리가 끊어지면 멸절된다고 했다. 예의염치가 없으면 나라까지 멸망할 수 있다는 경고가 158차례나 나타났다. "조선의 시대정신은 염치"라고 하기 충분했다. 염치를 사람됨의 기본으로 여겼음을 알 수 있게 만드는 대목도 여럿 있었다.

> 선비 된 자가 염치가 없다면 그다음은 볼 것도 없다.(성종 15년, 1484)
>
> 염치가 있는 사람을 이미 기용할 수 없다면 기용된 사람들은 반드시 염치가 없는 무리들일 것.(광해 즉위년, 1608)
>
> 예의염치 사유가 없사오면 사람이라 이를 수 없다.(세종 23년, 1441)

오죽하면 '사람도 아니라' 했을까. 사람과 사람이라 이를 수 없는 경우를 무엇을 기준으로 구분하는지도 실록을 통해 확인할 수 있었다. 실록에서 염치와 함께 가장 많이 따라다니는 단어, 바로 욕심 또는 욕망이다.

> 사람에겐 욕심이 있으므로 그것을 막지 아니하면 반드시

예禮를 버리고 의義를 업신여기게 되어, 부끄러워하는 마음이 없어져 못할 일이 없게 됩니다.(중종 33년, 1538)

염치를 숭상하여 풍속을 바로잡는 것입니다. 맹자孟子가 말하기를 "마음을 기르는 것은 욕심을 적게 하는 것이 제일이다"고 하였습니다. 이른바 '욕심을 적게 한다'는 것은 바로 '청렴함廉'을 말하는 것이 아니겠습니까.(선조 34년, 1601)

인간은 누구나 자신만의 욕망을 지니고 있지만 이를 그대로 펼쳐놓지는 않는다. 성욕, 식욕, 물욕 등을 때와 장소 가릴 것 없이 내보이는 것은 부끄러움을 몰라서 나오는 행동이다. 가감 없이 욕망을 발산하는 것은 동물에 가깝다. 부끄러움을 알면 자신의 욕망을 절제하게 된다. 인간은 타인의 영역을 인정하고 자신의 욕망을 절제하며 그 안에서 합의된 질서를 만들어가는 존재다.

그들은, 그래서 "염치를 기르면 욕망을 절제할 수 있다"고 말하고 또 말했다. 중종은 신하들에게 "염치를 숭상하지 않으면 탐욕의 풍습이 날로 번져서 백성들이 혜택을 받지 못하게 된다"(중종 36년, 1541)라고 단단히 일렀다. 조선의 문신 이명은은 숙종에게 "조정을 바르게 하려면 예양禮讓(예의를 지켜 사양함)을 존숭尊崇(높게 받들어 숭배함)하고 염치를 갈고 닦아야 합니다. 예양을 존숭하면 조급하게 출세하려는 것이 그치고,

염치를 갈고 닦으면 탐욕스러움이 그칠 것"(숙종 4년, 1678)이
라고 간언했다.

염치는 욕망의 '억제제'다.

눈치와 염치

그래서 나오는 말이 '눈치'다. 욕망을 발현하거나 억제하는
과정에서 남의 마음을 알아차리는 행위다. 누군가는 자신의
욕망을 채우려고 눈치를 본다. 영화에서 하선은 궁녀의 눈치
를 보고 자신의 욕망을 억제한 경우다. 상대의 입장을 더 헤아
리고 팥죽으로 자신의 욕망을 갈음했다. 사양지심辭讓之心(남에
게 양보하는 마음)을 보여줬다. 염치가 있고 눈치가 있는 사람
은 정도를 벗어나는 행동을 스스로 규제한다. 이를 중요시하
는 사람이 많을수록 그 사회에는 하나의 '규범'이 형성된다.

조선시대에는 '사론士論(선비들의 공론)'이 그 역할을 했다.
이덕일 소장은 "선비들은 사론을 법보다 무서워했다. 염치없
는 행위를 하면 사론에 저촉됐다고 했는데, 이를 감옥 가는
것보다 두렵게 생각했다"고 말했다. 탄핵을 받고 사표를 내지
않았을 때도 염치없는 행위로 손가락질 받았다. 당시 탄핵은
'당신에게 문제가 있다'는 비판이다. 비판을 받았다는 것만으
로도 사표를 냈다는 것이다. 이 소장은 "염치라는 게 사대부

들이 벼슬에 나서고 물러나는 데 있어 중요한 기준이 됐다"고 설명했다.

'오성과 한음'의 그 한음, 이덕형이 탄핵을 당했던 경우가 그 예다.

광해 1년(1609) 영의정 이덕형은 읍소한다. "지난해 의견을 진술하자 대간들이 횡의(도리에 어긋난 의논)라 지목하여 추한 말로 비난하니, 신의 죄가 크다"라며 "염치가 나 때문에 손상될 테니 어서 자르라"고 했다. 광해가 이를 불허하자 이틀 뒤 또 상소를 올린다. "예의염치는 나라를 유지하는 네 벼릿줄과 같다. 죄를 짊어진 사람이 모멸을 잊고 중책을 탐내 부임한다면 동료에게 수치가 된다"고 했다. "대간이 자잘한 물의만 있어도 사직하고 직책에 나가지 않는 것은 그 체면을 소중히 여기기 때문"이라고도 했다. 비판을 당해 체면이 손상됐으니 잘라 달라는 말이었다.

언관(임금에게 간언하는 일을 맡은 관원. 사헌부와 사간원의 관원을 통틀어 이르는 말)이 할 말을 안 해도 '염치없다'고 했다. 이 소장은 "쓴소리도 못 할 거면서 그 자리에 왜 앉아 있냐, 사론에 저촉된다고 비판받았다"고 전했다. 쓴소리는 직언이라는 형태로 왕권에 대한 적절한 견제를 가능케 했다.

효종 1년 때 일이다. 영의정 이경여가 왕에게 "초심을 잃었다"고 꼬집었다. "가뭄으로 곡식 싹이 말라죽고 황충(메뚜기)

이 뿌리를 갉아먹어 백성이 죽고 말 형편이다. 여론을 들어보면 '전하가 하늘을 공경하고 백성을 돌보며 직언을 용납하는 정성이 처음보다 못하니 위란(위태롭고 어지럽다)의 지경에 이르렀다"고 지적했다. 그러면서 이경여는 "신을 파면하여 하늘의 꾸지람에 답하고 어질고 덕망 있는 인재를 다시 뽑아 어려운 때를 구하라"고 한다.

그러자 효종은 말한다. "부끄러움과 두려움이 교차한다. 몸에 돌려 허물을 반성해보니 망연자실하여 뭐라고 해야 할지 모르겠다. 말 한마디 글자 하나인들 감히 소홀히 하겠는가. 내가 띠에 써놓고 언제나 마음을 가다듬는 자료로 삼겠다." 그러면서 "경이 왜 사직하는가. 전적으로 내가 어리석어 하늘에 죄를 얻었기 때문에 내려진 재앙이니, 나 자신이 책임져야 한다. 같이 일할 만한 자격이 없다고 하여 나를 버리지 말고, 날마다 숨김없이 직언을 하여 나로 하여금 선한 데로 옮겨가고 허물을 고칠 수 있게 하라"고 말한다.

신하는 자신의 자리를 걸며 직언했다. 왕은 "나를 버리지 말라"며 "부끄럽다"는 반성을 역사에 남겼다. 왕도 신하의 눈치를 봐야 했던 것이다.

왕의 인사권 발동에 있어서도 염치는 중요한 역할을 했다. 이를 보여주는 것이 조선시대 '낙점'제도다. 신하들이 특정 자리에 세 명의 후보를 올리고, 이 중 왕이 한 명을 낙점, 즉 이름에 점을 찍는 방식으로 임명했다. 문제는 임금의 마음에, 후보에 없는 다른 사람이 있을 경우 발생한다.

이덕일 소장의 말이다.

"후보들을 두 차례 거부하면 임금에게 이름을 직접 물었습니다. 임금이 이름을 대서 그 사람이 임명되면 시끄러워졌죠. 선비들이 시끄러워진 걸 물의가 일었다고 하는데, 공적인 자리에 사심을 넣었다고 엄청난 비판이 쏟아졌습니다. 이러면 염치없다고 했어요. 왕이 직접 이름을 써버리는 경우도 있는데, 역시나 염치없다고 했죠. 왕들도 염치라는 틀 안에서 인사권도 마음대로 못 한 겁니다."

조선을 버티게 만들었던 시대정신은 '염치'였다.

양돼지

그 정신이 서서히 무너져갔다. 힘의 균형이 깨지면서 욕망 또한 제어되지 못했다. '정권의 독점'이 파괴를 가져왔다. 욕심이 결국엔 멸망을 재촉했다.

이를 잘 보여주는 시기가 순조 때다. 정조가 죽고 1800년 순조가 11세에 즉위했다. 안동김씨 외척 세력이 고위 관직을 독점했다. 한 세력의 '권력욕'이 제어되지 못하고 끝없이 팽창했다. 정치 기강은 문란해졌다. '몰염치'가 전염됐다. 많은 뇌물을 바치고 관직을 얻은 관리들은 그 대가를 농민에게서 짜냈다. 악순환의 시작이었다. '삼정의 문란'이 횡행했다.

땅에 붙는 세금이 갈수록 많아졌다. 탐관오리들은 황무지에도 세금을 부과해 농민들을 쥐어짰다. 실제로는 토지가 없는데도 장부만 만들어 세금을 거둬들였다. 전정의 문란이었다. 군정도 문란했다. 군역을 면제받은 사람이 내야 하는 군포를 '백골(사망자)'에게까지 부과했다. 가난한 농민 구제가 목적이었던 환곡은 그 이자가 5할을 넘기까지 했으며 고리대로 문란해졌다.

이때 조선에서 처음으로 민란이 일어나기 시작했다. 1811년 홍경래의 난, 1862년 임술농민봉기 등이 그것이다.

이덕일 소장의 해설이다.

"정조 때만 해도 민란이 일어나지 않았는데, 이후 순조 때 안동김씨 세도정치가 시작되면서 민란이 발생했습니다. 이전까지는 체제 안에서 해결하려고 했고 그게 가능했지만, 세도정치가 시작되니 욕망을 제어할 수 없었던 겁니다. 이에(사대부의 욕망에) 피해 입은 백성들이 우리 문제를 직접 해결하고자 폭력으로 부딪친 게 민란입니다."

조선시대가 저물고 있었다.

일본이라는 힘 앞에 또 다른 욕망들이 꿈틀대기 시작했다. 그 길목에서 '양돼지'가 등장했다. 《조선왕조실록》에서 마지막으로 염치를 언급한 자, 이준용의 별명이다. 몸이 뚱뚱한 데다 걷지 않고 가마를 타고 다니는 그를 노골적으로 비난하기 위해 윤치호가 붙인 별명이라고 한다.

그는 흥선대원군의 손자이자 고종의 조카다. 고종 시절 이준용을 왕으로 추대하려는 시도가 수차례 이어졌다. 고종의 눈엣가시였던 이준용은 1895년 '내각 대신 암살' 죄목으로 사형 판결을 받았고 특사로 석방돼 일본 유학길에 올랐다. 고종 강제 퇴위 직전인 1907년에야 고국으로 돌아올 수 있었다. 왕위에 오른 지 얼마 되지 않았던 순종이 그의 죄를 용서해줬다. 하지만 그는 무죄를 주장했고, '재심'을 통해 이를 널리 알려달라고 했다. 이 대목에서 염치가 등장한다.

"대체로 천하의 일은 옳은 것이 있으면 그른 것이 있는 법이어서 만약 한 차례의 심판을 거치지 않는다면 흑백을 분간하기 어렵습니다. 설사 죄명을 씻어주더라도 의연히(전과 다름없이) 두루뭉술하여 신의 심정과 종적이 갈수록 편안하기 어려울 뿐만 아니라 또한 성스러운 조정의 법에 관한 정사에 누가 될까 걱정됩니다. 이제 감히 집에서 거적을 깔고 염치를 무릅쓰고 불안한 심정을 진달하니, 자비로운 성상께서는 굽어 살펴보고 특별히 그때 옥관과 신을 대질하게 허락하여 명백히 재판하게 하되, 만약 털끝만큼이라도 근거할 만한 단서가 있다면 찢어 죽이고 삶아 죽인다 해도 감히 사양하지 않겠습니다. 신은 못내 원통하고 억울함을 금치 못하여 부들부들 떨면서 명을 기다리는 바입니다."

이준용이 말했던 염치는 사양하는 마음도 아니었고 부끄러워하는 마음도 아니었다. 그저, '불안한 심정을 없애 달라'는 요구사항을 전달하기 위한 수사에 불과했다. 시대정신을 잃어버린, 쇠락해버린 한 나라의 시대 상황을 고스란히 반영한 끝맺음이었다.

그 후, 이준용의 행보 또한 염치 있음과는 확실히 거리가 멀었다. 친일파들과 손을 잡았으며, 을사늑약 이후인 1909년에는 친일 단체 신궁봉경회(일본과 한국을 주종 관계로 하는 '일선동조론'을 구현하려던 단체) 총재가 됐다. 그의 이름은 《친일인명사전》에 '친일파'로 적혀 있다. 자신의 욕망 앞에 염치를 저버렸던 그가 《조선왕조실록》에서 마지막으로 염치를 언급했던 자로 남았다.

이덕일 소장은 말한다.

"일제강점기 시대, 일제는 사회 기본 시스템을 다 무너트렸습니다. 시대정신이라 할 수 있던 게 모조리 파괴됐습니다. 그러나 여기에 부역한 '염치없는' 친일파들은 해방 이후에도 승승장구했습니다. 그러니 염치가 지켜질 리가요."

관계를
지키는 마음,
염치

~~~~~~

아이는 부모의 등을 보고 자란다.

그래서 어떤 이들은 부모가 산대로 산다. 부모의 삶이 아이에겐 교과서다. 염치를 배운다. 몰염치한 행동 또한 따라할 수 있다. 부모인 누군가가 삶의 주요 길목에서 내리는 선택은, 그래서 중요하다. 그 선택은 단순히 1인분의 몫이 아니다. 대를 이어 씨앗을 뿌린다.

조선 고종 때의 문신, 민두호. 그도 아버지였다. 그에게 별명이 있었다. 민철구閔鐵鉤다. '민씨 쇠갈고리'를 뜻한다. 쇠갈고리처럼 백성들의 재산을 긁어모아 붙은 별칭이라 한다. 책에도 그의 행적이 적혀 있다. 황현은 《오하기문》(동학농민전쟁을 기록한 책)에서 "민두호의 탐학(탐욕이 많고 포악함) 때문에 강원도민들은 뿔뿔이 흩어질 수밖에 없었다"고 적고 있다. '쇠갈고리'가 강원도 춘천부 유수留守(수도 외의 곳을 맡아 다스리던 특수 외관직)를 지냈을 때 일이다. 그의 탐욕은 단순한 욕심이 아니었다. 누군가에게는 차라리 고향을 저버리게 할 만큼의 혹독한 시련이었다.

나쁜 손

쇠갈고리의 아들도 쇠갈고리로 살았다. 민두호의 아들 민영휘, 명성황후의 조카다. 그는 "조선에서 제일가는 부자가 누구냐 하면 어른이나 아이나 이구동성으로 민영휘라고 대답을 한다"고 할 정도로 당대 거부였다. 이 역시 강탈의 결과물이다.

그를 비호하던 고종이 힘을 잃자 민두호, 민영휘 부자에게 재산을 빼앗긴 백성들이 잇따라 소송을 제기했다. 당시 신문은 "평안감사 재직 때 토색질한 수만금에 대해 억울하게 빼앗긴 백성들이 민씨 집에 답지遝至(몰려옴)해서 빼앗긴 물건을 환수하려 했다"고 전하고 있다. 그의 부는 나라를 팔아넘긴 대가이기도 했다. 민영휘는 일제에 조력한 공로로 1910년 조선총독부에서 자작 작위를 받은 대표적 친일파다.

민대식, 민규식. 민영휘의 서자다. "민영휘의 서자 민대식은 방탕하고 간사하여 날마다 많은 돈을 썼다"고 전해진다. 민대식은 그렇게 사치를 하고도 정작 민영휘의 장례식에는 돈을 아꼈다.

"민대식은 1935년 민영휘 사후에 아버지 유산 중 노른자위를 다 차지하고도 아버지 장례는 초라하게 치러 세인의 지탄을 받았다, 장례비 절약분 2만 원을 경성부에 기부하여 사회사업에 보태어 쓰라고 하기 위해서였다. 아버지 장례비 절약을 핑계로 일제에 아부할 기회를 잡았던 것이다. 민규식도 일제강점기 말 '조선임전보국단(태평양 전쟁 지원을 위해 만든 단체)'에 기금 20만 원을 제공한 조선인 3인 중 1인이었다."

친일파의 아들도 친일파로 살았다. 2대에 걸쳐 바닥까지 긁어모은 재산은 아들들이 친일파 노릇하는 자금으로 쓰였다.

유 아무개. 민규식의 의붓 손자다. 실명을 드러내지 않는 그는 친일재산이라는 이유로 국가에 귀속된 강남구 세곡동 땅 451평 토지를 돌려달라는 소송을 제기했다. 2020년 2월 17일, 최종 패소했다. 쇠갈고리로 백성의 피땀을 긁어모아, 일제에 바치고 방탕하게 쓰고도 모자라 친일재산으로 귀속된 강남땅을 돌려달라는 그 '핏줄'. 몰염치가 고스란히 상속됐다.

유 아무개의 소송 패소 기사에 가장 많은 공감(21,943개)을 얻은 댓글은 "염치들은 똥통에 처박아뒀나…… 별 X같은 꼴이 다 있네"(다음, 너**)였다. 여기에 붙은 대댓글만 175개. 그

중 하나는 "돈 앞에는 염치도, 양심도, 도덕도 없더군요"(다음, 해**)였다. 민영휘도 무덤에서 멱살 잡혀 불려 나왔다. "민씨 중에 나라 재산 말아먹은 민비, 최고 부를 축적한 민족 반역자 민영휘, 그들 자손은 지금도 잘살고 있다"(다음, 송**)고 씹어 삼켜졌다. "민영휘 직계 일가가 갖고 있는 남*섬은?"(다음, pha****)이라며 다른 재산이 구설에 오르기도 했다.

"우리나라에 기원이 처음 생긴 것은 1930년도. 노사초를 비롯한 당시의 국수급 기사들이 주머니를 털고 사회 유지들로부터 기부받은 돈 300원으로 민영휘 대감의 산정별장을 세로 얻어 경성기원이란 간판을 내건 것이 처음이다. 당시 기원의 사글세는 25원이었는데 쌀 한 가마에 4원이던 시절이었다."

요즘 쌀 한 가마니 소매가격은 20만 원을 넘는다. 현 시세대로 한다면 당시 민영휘가 받은 기원 월세는 125만 원이나 된다.

바둑 십계명에 탐부득승貪不得勝이란 말이 있다. 욕심을 부려서는 이기지 못한다는 뜻이다. 욕심이 과할 때 바둑에서 나오는 것이 악수惡手다. 악수는 악수를 부른다는 말도 그래서 나온다. 사람 욕심에는 끝이 없다. 욕심은 또 다른 욕심을 불러내곤 한다. 후손들로 옮아간 욕심에 무덤에 있던 민영휘까지 멱살 잡혀 나오는 것도 그래서다. 사람들은 혀를 찼다.

"욕심이 머리에 똥만 차게 만들었네. 하늘 부끄러운 줄 알

고 살아야지."(다음, 아라**)

"조상이 친일파면 쪽팔린 줄 알고 반성하고 살아라."(다음, 김**)

부끄러움 좀 챙기라는 일갈이다. 욕심이 머리에 가득 찼을 때 그 손은 부끄러움을 모른다. 쇠갈고리를 닮은 손이다. 악수惡手, 한자 뜻풀이를 그대로 따른다면 '나쁜 손'이다.

좋은 손

가수 아이유, 그는 손을 내미는 사람이다.

꾸준하게, 자주 자주, 그것도 1억 원씩, 통 크게 기부를 이어가고 있다. '코로나19'와 관련해서는 일주일 사이 다섯 차례 총 2억 8,000만 원을 기부했다. 2015년부터 2020년 2월 현재까지 초록우산 어린이재단을 통해 후원한 금액만 7억 2,000만 원이다.

그와 같은 선택을 한 이유는 무엇일까.

소외계층에 쓰는 마음 뒤에는 돈 때문에 어려웠던 자신의 어린 시절이 있다. 어머니의 빚보증이 탈 나 가족들이 뿔뿔이 흩어졌을 때 일이라고 했다. 아이유는 내쳐짐을 당했다.

"부모님과 연락이 안 되는 상황에서 어렵사리 방 한 칸을 구했는데 집에 바퀴벌레가 너무 많아 잠을 잘 수가 없었어요. 불을 끄면 '사사삭' 하고 소리가 날 정도였어요. 그래서 친척 집에 며칠 신세를 졌는데, 그분이 술에 취해 들어오셔서는 '쟤네 아직 안 갔어?'라며 화를 내시더라고요. 친척 아내분이 '쟤네 집에 바퀴벌레가 많대' 얘기했더니, 그분이 '내가 바퀴벌레처럼 해봐?'라고 하시더라고요. 당시 서러움에 주먹을 꽉 쥐었어요. 제가 가수 준비하는 걸 너무 싫어하셔서 '노래 바람났다'고 '쟤가 연예인 되기 전에 내가 백만장자 되겠다'고 하셨어요."

고작 중학생인 때였다. 며칠 신세 진 게 다였다. 그저 돈이 없을 뿐이었다. 그때였다고 한다. 어린 이지은은 반드시 성공하겠다고 마음먹었다. 그 바람대로 그는 성공했다. 2008년 데뷔 후 3년 만에 집안의 빚을 다 갚았다.

2015년 5월 5일 어린이날. 그는 초록우산 어린이재단에 1억 원을 건넸다. "보통의 가정 아이들은 어린이날을 맞아 부모님과 행복한 가족여행을 떠나거나 평소 갖고 싶었던 선물을 받으며 행복한 시간을 보내는 데 비해 그럴 수 없는 형편에 처한 아이들이 있다고 들었다. 그 아이들을 위해 무엇이라도 하고 싶었다"라고 했다.

그해, 아이유는 "이제 지금 이상의 재산은 불필요하다는 결론을 내렸다"고 한다. 빚을 청산하고 꾸준히 돈이 쌓였다. 그런데 마냥 행복하지만은 않았다고 했다.

"돈이 있다면 행복해질 수 있는 가능성이 좀 더 커지는 것 같아요. 뭔지 모를 자신감을 심어주죠. 그런데 예전에 비해 많이 벌고 있지만 그만큼 씀씀이가 커져 돈의 가치를 잃고 있는 것 같았어요. 10만 원만 있어도 숨통 트일 거 같은 때가 있었지만, 이제는 더 큰 돈에도 둔감해지는 저를 보며 행복할 시간을 빼앗기는 기분이 들었어요."

더 욕심 낼 수도 있었다. 그러나 멈췄다. 행복을 위한 선택이었다.

아이유의 얼굴

그의 선택은 전염됐다. 디시인사이드 아이유 갤러리는 2018년 아이유 생일을 맞아 한국백혈병어린이재단에 헌혈증 126매를 전달했다. 아이유 팬들은 헌혈증을 전하며 "오랜 시간 팬들에게 보여준 아이유의 착한 마음씨를 본받고자 열심히 모은 헌혈증을 전한다. 지원받게 될 어린이들의 건강과 행복을 기원한다"라고 했다. 아이유라는 매개로 모인 이들이 자신의 '최애(가장 좋아하는)' 연예인을 본받고자 팔뚝을 내밀어 피를 뽑았다.

2019년 12월 23일 아이유가 초록우산 어린이재단에 1억 원을 기부한 사실이 알려지자 팬들은 또 움직였다. "아이유를

본받겠다"며 1만 원부터 10만 원까지 지갑을 열었다. 기부 인
증샷이 디시인사이드 아이유 갤러리에 봇물처럼 올라왔다.
그러자 아이유는 한국취약노인지원재단 독거노인종합지원센
터에 자신과 팬클럽의 이름으로 1억 원을 또 기부했다. 일주
일 사이 2억 원을 내놓고 그는 "고맙다"고 했다.

"연말에 아름다운 모습 보여줘서 너무 고맙다고…… 인스
타 쪽지로 보낸 누군가의 신고(?)로 여러분의 아름다운 실천
을 목격했고, 그 순간이 작년 한 해 중 가장 따뜻했던 순간 탑
3 안에 들지 않았나 싶어요. 예쁜 사람들…… 고맙습니다! 그
렇다고 제 기부 기사가 뜰 때마다 기부를 하시라는 건 정말
아닙니다. 혹시라도 만에 하나라도 의무처럼 되면 어쩌나 사
실 걱정도 많이 되더라고요. 그건 정말 바라지 않습니다! 그
러지 않아도 여러분이 사랑둥이라는 건 제가 너무나 잘 아니
까요! 무슨 말인지 알죠?"

손에 손을 잡고, 선한 영향력이 퍼졌다. 착한 마음이 또 착
한 마음을 불러냈다. 누군가를 위해 "무엇이라도 하고 싶다"
는 양심, 측은지심의 일면이다.

울타리

아이유가 덥석 손을 내민 상대는 또 있다. '아이유팀'이다.

"스탭들 다 만나서 얘기했어요. 저랑 같이 가주세요. 어느 정도 내가 확실하게 보장하겠다는 약속과 함께요. 그렇게 팀이라는 체계를 만들었어요."

그의 이름 뒤에는 '회장'이라는 별칭이 붙는다. 일명 '아회장'. 마흔 명에 가까운 사람이 '팀'으로 묶여 그를 위해 일한다고 한다. 아이유는 '아이유팀' 덕분에 지금의 건강함을 유지할 수 있었다고 말한다.

"제가 이 일을 하면서 지금 정도 건강하게 올 수 있었던 건 그 사람들의 '좋음' 때문이에요. 스태프들이 바른 사람들이에요. 원칙적이기도 하고요. 그런 우직함이 항상 저를 정신 차리게 해요."

그는 2018년 7월 기존 소속사인 '카카오M'과 재계약했다. 언론을 통해 알려진 바에 따르면, 아이유가 재계약을 위해 내건 조건은 간단했다.

'아이유팀의 고용 보장과 연봉 인상.'

그해 10월 아이유는 JTBC 〈아는 형님〉에 출연해 "재계약에 특별한 건 없다, 다만 스태프 복지에 신경 써줄 것을 강조했다"고 밝혔다. "다른 생각을 안 했다면 거짓말이다. 좋은 조건이 들어오면 다른 데랑 해봐도 되지 않을까 생각했다"면서도 기존 소속사를 택한 이유로 "나를 인간적으로 대해줬다"는 점을 들었다. 그렇게 그는 돈보다 사람의 손을 잡았다.

2020년 1월 6일, 아이유는 '이담엔터테인먼트'와 전속계약을 맺었다. 데뷔 후부터 함께해온 이가 새로 설립한 소속사다. 본래 몸담았던 카카오M의 자회사다. 카카오M에서 아이유와 함께해온 '아이유팀'도 모두 이담엔터테인먼트로 이동했다. 아이유 전담 회사를 따로 차린 셈이다.

아이유는 관계를 지켰다. 마냥 옆에 있어 달라 떼쓴 게 아니다. 실질적인 대안으로 자기 사람을 돌봤다. 더 큰 돈을 벌겠다는 욕심보다는 본인이 건강할 수 있는 환경을 만들었다. 그 결과, 자신을 "정신 차리게 하는", "인간적으로 대해주었던" 이들과 계속 함께하게 됐다. 손에 손을 잡은 악수는 그의 울타리가 됐다.

아이유의 행복

그도 가혹하게 닦아세우는 상대가 있다. 그 자신이다. 아이유는 "스스로에게 엄격하다. 가장 까다로운 잣대를 든 사람은 나 자신"이라고 말한다. "누군가 아무리 저를 하찮게 봐도, 저보다 저를 하찮게 볼 수 없다"고 단언할 만큼 스스로에 냉정하다.

엄격함 뒤에는 책임감이 자리하고 있다. "책임감이 제일 저를 이루는 말 같다"고 말한다. 자신의 울타리가 되어준 팬, '아이유팀'에 대한 보답이다.

"어디 가서 '나 아이유 좋아해'라고 했을 때 창피하지 않은 내가 돼야 하니까. 그러려면 뭐든 잘해야죠. 연기에 도전했으니 욕먹지 않게 해야 하고, 나를 믿어주는 이들이 창피하지 않게 노력해야 해요. 그게 스물한 살의 내가 보답할 수 있는 거라고 생각하니까."

부끄럽지 않게 살기 위해 그는 엄격했다. 막중한 책임을 등에 지어왔다. 그렇게 스스로를 몰아세우기만 하던 그가 어느새 "내 안에 좋은 게 꽤 있다"는 생각에 이르게 됐다고 한다. 데뷔 10년 만의 일이다.

"무대를 하고 났을 때 '아, 나 너무 멋져. 나 너무 좋아' 이랬던 적이 10년 동안 한번도 없었거든요. 근데 희한하게 가사를 딱 완성하고 나면 제가 너무 좋은 거예요, 스스로가. 가사는 꼭 남겨야겠다 싶은 것만 딱 함축적으로 남겨야 한단 말이에요. 그러니까 결국 남은 핵 같은 거죠. 그런 걸 보면 '내 안에 꽤 좋은 게 있네' 생각이 들어요."

그 안에 좋음을 발견하게 된 건, 본인 음악 작업에 지휘자로 나서면서 가능했던 듯하다.

"슬럼프 때 프로듀싱을 직접 해야겠다 결심했어요. 거품이 날아가 요만해지든 간에, 불안하고 근사하게 사느니 초라하더라도 마음 편하게 살아야지, 해서 프로듀싱하게 됐어요."

그러곤, 비로소 "행복하다"고 했다.

"저는 나이 들수록 행복해지는 것 같아요. 어릴 땐 행복할 틈이 없었거든요. 자기만족 기준이 높아 저를 혹사시킨 것 같고요. 그러다 《팔레트》 앨범 내고 마음이 바뀌었어요. 좀 더 마음을 내려놓게 됐어요. 요즘은 사랑이 중요한 거 같아요. 일에 대한 사랑, 하루에 대한 사랑, 아직 일어나지 않은 일에 대한 사랑 등 다채로운 사랑을 음악에 담고 있어요."

바퀴벌레가 '사사삭' 귓가를 스쳐 가는 소리를 들었던 그 집에서는 행복할 수 없었을 것이다. 친척에게 모진 말을 듣고 주먹을 쥘밖에 도리가 없었던 그 아이는 "행복할 틈" 또한 없었다. 데뷔하고도 불안은 이어졌다. 열아홉 살의 아이유는 "날 쳐다봐줘 안쓰러운 날 예뻐해줘"(《Last Fantasy》, 〈길 잃은 강아지〉)라는 가사 속 주인공이 "스스로의 이야기"라고 말하기도 했다.

그러나 10여 년간 스스로 단단한 울타리를 심어나간 그는 쉬이 흔들리지 않는 사람이 되어가고 있었다. 그 주변에는 "바르고 원칙적인" 그 같은 사람이 함께한다. 그의 팬들도 그를 본받겠다며 '선한 일'을 행한다. 타인의 손을 잡는 그의 손, 욕심 대신 택한 행복, 돈보다 중요한 관계. 그의 선택은 이기적인 것만으로는 결코 보이지 않는다. 하지만 아이유는 "인간의 이타성이란 그것마저도 이기적인 토대 위에 있다"면서 염치없음에 대해 이야기한다.

"사랑하는 사람이 홀로 고립되어가는 모습을 보는 것은 힘든 일이다. 아무것도 해주지 못하고 지켜보기만 하는 것이 괴로워 재촉하듯 건넸던 응원과 위로의 말들을, 온전히 상대를 위해 한 일이라고 착각하곤 했다. 나는 여전히 누군가 내 사람이 힘들어하는 모습을 보면 참견을 잘 참지 못한다. 하지만 이제는 나의 그런 행동들이 온전히 상대만을 위한 배려나 위로가 아닌 그 사람의 평온한 일상을 보고 싶은 나의 간절한 부탁이라는 것을 안다. 염치없이 부탁하는 입장이니 아주 최소한의 것들만 바라기로 한다. 이 시를 들어 달라는 것, 그리고 숨을 쉬어 달라는 것."(2019년 11월 18일 발매된 아이유의 새 앨범《Love Poem》포토북 소개글 중)

사랑하는 상대의 힘듦에 건넨 위로조차 온전히 상대를 위한 것이라기보다는 "그 사람의 평온한 일상을 보고 싶은 나의" 욕심이라는 것을, 그는 알아채고 있다. 그래서 그 욕심 앞에 아이유는 "염치없이 부탁"한다고 했다. "숨을 쉬어 달라"고.

동시에 아이유는 다짐한다. "내가 음악을 하면서 세상에게 받았던 많은 시처럼 나도 진심 어린 시들을 부지런히 쓸 것"이라고. 종국에 그의 선택은 내가 받은 것의 나눔이다.

위선을
멀리하는 마음,
염치

엘리베이터를 탈 때 지켜야 할 매너가 있다. 안에 있는 사람이 먼저 내리고 탄다. 불문율이다. 그럼에도 꼭, 아직 채 사람이 내리지 않았음에도 엘리베이터에 타려 어깨부터 들이미는 이들이 있다. 와중에 내리려는 사람과 어깨가 닿기도 한다. '어깨빵'이다. 그럴 때면 그는 내리다 말고 꽤나 크게 읊조린다.

"개념이 없어."

들으라고 한 말이지만 상대는 쳐다도 안 본다. 그럴지언정 누군가의 '무개념'을 그냥 넘기지 않는다고 했다.

주차할 때도 마찬가지다. 아파트 지하 주차장 두 칸을 차지한 차량을 발견하면 그는 부러 그 차 옆에 주차를 한다. 당시 소형차를 몰았기에 가능한 일이다. 해당 차주가 절대 운전석 문을 열고 탈 수 없게 딱 붙여서 주차를 했다고 한다.

"그런 사람들은 부끄럽다고 생각을 안 하는 건지. 염치 있게 행동하는 게 별게 아니잖아요. 기본에만 충실하면 되는 거잖아요."

그렇기에 그는 반응한다. 기본조차 지키지 않는 타인에게 입바른 말을 하고야 만다. 가끔 들이받기도 한다.

"'호의가 계속되면 권리인 줄 알아(영화 〈부당거래〉 중)', 전 이 대사가 너무 좋아요. 당연한 줄 알면 무는 거지. 제가 염치 있게 산다고 누가 갑질을 한다? 그럼 전쟁하는 거죠."

가지런한 건치로 '앙' 문다. 그래서 적도 있다.

"이 바닥은 한 명의 적을 만들지 말라고 해요. 둥글게 둥글게. 물론 적이 된 그 한 명 때문에 무너질 수 있겠죠. 하지만 뜻을 함께할 아홉 명이 있으니 어떻게든 살 수 있지 않을까요. 열 명 다 만족시키려면 쪽팔리게 살 가능성이 있다고 봐요."

부끄럽게 사느니 불이익을 감수하겠단다. 그야말로 '열혈', 피가 뜨겁다. 2019년 방영된 SBS 드라마 〈열혈사제〉 속 신부 김해일이 그와 꼭 닮았다고들 한다. 배우 김남길 이야기다.

돈 없다고 그만두면 쪽팔리잖아요

2019년 11월, 그와 마주 앉았다. 만남을 청한 건, 그의 말버릇이 "쪽팔리지 말자"였기 때문이다. 그간 해온 인터뷰에서 숱하게 등장하는 표현이다. 쪽팔리지 않기 위해서라도 자신의 몫을 다하는 것, 부끄러움을 아는 사람의 영역이다.

배우 김남길 뒤에 붙은 'NGO 대표'라는 직함도 한몫했다. 그는 2012년 3월 김남길의 소셜 브랜드 '길스토리'를 세운 후, 2015년 2월 문화예술 NGO '길스토리'를 공식 출범시켰다. 100여 명의 프로보노(각 분야의 전문가들이 사회적 약자를 돕는 활동)가 함께하는 길스토리는 '예술이 가난을 구할 수는 없지만 위로할 수는 있다'는 생각 아래 문화예술 캠페인을 펼치고 있다. "우리의 아름다운 '길'을 찾아 그 길에 담긴 따뜻한 사람들의 '이야기'를 전하겠다"며 성북동, 한양도성 등을 걷고 이를 콘텐츠로 만들었다.

2016년 한 인터뷰에서, NGO 대표로서 그는 "잃어버린 인간성 회복, 더불어 잘 사는 사회"를 꿈꾼다고 했다. 이를 위해 그는 억대의 사비를 털어 길스토리를 운영하는 것으로 알려졌다. 돈 욕심 대신 그가 택한 것은 추구하는 가치를 지키는 삶이다.

"제가 무슨 결벽증 있는 거처럼 그래요. 주변에서는 '너 그러면 돈 못 벌어'라고 하죠. 그래도 '괜찮아, 내가 선택한 삶이고 내가 추구하는 바야. 돈보다 중요한 게 많아' 그러다가도 '아, 염치 있게 산다고 누가 알아주는 것도 아니고……' 또 그래요, 하하하. 귀가 얇아요. 이번에 〈쎈터뷰〉(tvN에서 방영 중인 토크쇼, 2019년 10월 28일 방송) 나갔더니 돈 벌어서 건물 사는 연예인보다 길스토리 하는 김남길이 백배 낫다 댓글이 막 달렸더라고요. 이젠 건물도 못 사겠네요, 하하하."

그렇다고 왜 사비까지 들일까. 가치를 좇는 것과, 자신의 주머니를 터는 건 다르다. "하루살이로 사는 게 불안하다"면서도 그의 답은 간결했다.

"제가 번 돈으로 하는 게 제일 떳떳하죠. 세상에 공짜는 없어요. 억지로 남의 돈 쓰면 100퍼센트 탈 나요. 주변에서는 '그만해, 직원 월급 나가고 운영비 나가는데, 돈 없다면서 왜 이렇게 오래해. 수완이 없어' 그래요. 저는 꿈을 광고하는 편이에요. 말이 씨가 되잖아요. 좋은 얘기는 떠벌려야죠. 길스토리 한다고 막 얘기했는데, 중간에 그만두면 그렇잖아요. 팬들한테 쪽팔리면 안 되잖아요. 그게 팬에 대한 예의죠."

이 꿈을 좇겠다고 동네방네 소문을 냈다. 그 말에 이끌려 말한 대로 산다고 했다. 그렇지 않으면 스스로에게 혹은 자신을 믿어주는 팬들에게 쪽팔리기 때문이란다. 이게 그의 염치다. '스스로 부끄럽지 않게'라는 말은 일을 행함에 있어 잣대가 자기 자신에게 있다는 것이다. 다른 사람은 몰라도 "나는 아니까" 그렇다고 했다. 그에게는 이게 기본이다.

위에 있는 사람이 더 염치 있게 살아야죠

배우로서 그가 염치를 챙기는 지점도 유사하다. 그의 표현대로라면 "대강 대강 하지 말자"다.

"시청률이야 하늘이 주시는 거고, 수치적인 성공은 굉장히 드물잖아요. 다만 각자 하는 일에 대해 스스로에게 창피하면 안 되잖아요."

이는 주인공으로서의 역할론으로도 이어진다.

"저도 스태프도 해보고 조감독도 해봤어요. 대접 못 받는 사람들의 서러움을 아니까, 현장 가면 연출부 막내한테 '이 장면 어땠어' 꼭 물어봐요. 소속감을 주는 거죠. '나도 이 영화 구성원 중 하나구나'를 심어주고 싶어요. 대접해주고 싶어요. 어떤 사람을 만나느냐에 따라, 꿈을 이어갈지가 결정된다고 생각해요. 이 사람 저 사람 다 아우르라고 주인공 시켜주는 거라고 봐요, 전."

부끄럽지 않은 배우이고자 "내 자신에게 떳떳한 연기"를 위해 애쓰고, 작품을 아우르는 주인공으로 부끄럽지 않기 위해 "내 스태프들을 챙긴다"고 했다. "염치라는 게 다 '관계'에서 오는 것"이기 때문에 그렇다고 했다.

"위에 사람들, 대장들, 기득권층, 가진 사람들이 더 염치를 가져야죠. 공직자, 공인은 더더군다나 그렇고요. 염치 있으라고 그 위치에 있는 거예요."

이야기는 그가 만난 윗분들, 국회의원 이야기로 옮겨갔다. 그는 2019년 7월 17일 국회에서 열린 71주년 제헌절 경축식에서 국민대표 자격으로 헌법을 낭독했다.

"헌법은 딴따라가 읽어도 경건해지게 하는 뭔가가 있더라고요. 제가 국민대표 같은 느낌이 들었어요. 헌법 내용이 딱 국회의원한테 전하는 메시지 같았거든요. '기본을 지켜라' 같은. 국민 전체가 살기 좋은 나라 만들어야지 만날 싸우라고 거기 계신 거 아니잖아요. 높이 계신 분들이 염치 있게 해야죠."

그는 "국민에게 염치를 강요하기 쉽지 않다. 지금 사는 게 너무 각박하지 않냐"고 했다. 그러니 "염치없이 살던 보통 사람들도 '아 내가 염치없었네'를 느끼고 '따라 가보자' 하도록 영향력을 행사하라고 그 자리에 있는 사람들이 공인"이라고 했다. 그러고는 말했다.

"그거 못 할 거면 내려놓으면 되죠."

김남길이 '성악설'을 이야기하는 이유

그런 그도 "과거엔 염치없게 행동했던 적이 많았다"고 했다. 그러나 길스토리를 시작하면서 그는 더 염치 있게 살기 위해 노력하는 중이다. 과거의 김남길이 그에게는 기준점이 된다. 길스토리는 물러나지 않게 하는 마지노선이다.

"과거의 나는 이기적이기도 했고 누군가에게는 상처를 주기도 했어요. 제가 헌법 낭독한다니 친한 친구가 '너 같은 놈이 헌법 읽는 게 모순적'이라고 하더라고요. 정직한 놈, 크크크. 그런데 헌법을 읽고 감동받아 눈물 날 거 같았는데…… 앞으로라도 위법하지 말아야지 생각하지 않을까요? 전 '과거의 나' 때문에 더 그러지 않으려고 발버둥 치며 살아요. 제가 떳떳하려고요. 길스토리를 하면서 부끄러움을 알려고 노력하고 있어요. 길스토리를 안 했으면 조금 더 이기적이었을 텐데, 이제는 공동의 이익에 좋은 일이 어떤 게 있을까 생각하게 돼요. 변하려고 노력하면 변할 수 있구나, 그게 맞다 싶은 게, 제가 변했으니까요."

그래서 그는 "성악설이 맞다고 본다"고 했다. 가르쳐야 선하게 변한다는 뜻이다.

"애들은 욕망을 그대로 표출하잖아요, 본능적이죠. 그래서 교육이 중요하다고 봐요. 성장했는데도 부끄러운 걸 모른다면 제대로 교육받지 못했기 때문이죠. 부끄러움에 대해 제대로 가르쳐야 해요. 염치없는 부모는 자기가 아는 만큼, '염치없음'을 가르쳐요. 그렇게 대물림되죠. 그래서 전 저를 돌아봐요. 부모님 욕 먹일 일을 하고 있진 않을까, 하고요."

그가 추구하는 '더불어 함께 잘 사는 사회'를 위해서도 교육은 필수적이다.

"요즘 학교에서는 도덕이나 윤리를 잘 안 가르치는 것 같아요. 고루하다고 느낄지 모르지만 그런 교육 속에서 타인에 대한 이해, 배려, 책임감이 학습되고 체득된다고 생각해요. 그런데 요즘은 개인의 능력만으로 성공을 판가름하고 평가받죠. 그러다 보니 아이고 어른이고 교육을 지식 습득으로만 접근해요. 성장과 성숙은 다른데 말이죠. 인간으로서 갖춰야 할 기본적인 '성숙'에 대해 전부 잊어버리고 산다는 생각이 들어요."

사회의 기본까지 걱정한다. 이런 이야기들을 풀어놓는 것, 그 역시도 "어렵고 조심스럽다"고 했다. 그럼에도 나선다. "염치를 아는 데도 뒤로 미뤄둘 수는 없다"고 했다.

부끄러움을 느끼는 감도가 높고, 그러다 보니 운신의 폭이 좁아지는 것 같고, 자신의 돈도 까먹고 있고, 연예계에서는 유별나다 소리를 듣게 됐다. 그럼에도 자신의 선택을 바꾸지 않는다. 왜일까.

"염치없이 살아야 손해 덜 본다고 하잖아요. 사실 염치랑 이익이랑 반비례하는 경우도 있어요. 그런데 제 마음이 편해요. 혼자 뿌듯해요. 내가 그래도 좋은 쪽으로 조금씩 변하려고 한다는 걸 감지하게 되거든요. 좋은 일은 하면 할수록 중독되는 거처럼 기분 좋아지잖아요. 왜, 지하철 자리 양보하면 괜히 기분 좋아지듯이요. 누가 알아주지 않아도, 누가 건물 주는 것도 아니고 크크크. 그렇지만 후회는 없으니까요. 미련은 남아도 후회는 없게!"

그의 길

〈열혈사제〉속 비리 검사였던 박경선(이하늬 분)은 '나의 죄'를 낱낱이 적어 대검 감찰부로 향한다. 부끄러움을 모르고 산 지난날에 대한 반성문을 내기 위함이다. 그 길에 김해일(김남길 분) 신부가 함께한다. "그래도 신부님이 배웅해주니까 덜 불안하다"는 박경선에게 신부는 말한다.

"그거 때문에 덜 불안한가, 떳떳하니까 덜 불안하지."

나 자신에게 떳떳하면 된다고 했다. 이어지는 김 신부의 내레이션. 배우 김남길이 했던 말이나 행동과 통하는 바가 있었다.

"하느님이 바라는 용기는 두려움을 무릅쓰고 싸우는 것, 자기 자신에 관한 것을 가장 마지막에 생각하는 것이다. 이런 용기로 이뤄낸 정의는 견고하고 공정할 것이며 정의가 힘을 지배하는 세상은 그 힘이 올바르게 쓰이는 세상을 만들게 될 것이다. 이제 와서 생각해보면 하느님이 꿈꾸는 나라는 그리 멀리 있지 않았다. 상처를 가진 이들이 서로의 것을 보듬고 선과 벽을 넘어 함께 살아가며 바른 세상을 위해 기꺼이 희생하는 세상, 바로 그것이었다. 그 안에서도 하느님은 계속 분노할 것이다. 죄인들에게 올바른 목적을 갖고 올바른 방식으로. 하느님이 어디에서 무엇으로 존재하든 이것은 하느님의 운명이자 사명일 것이다."(〈열혈사제〉 마지막회 중)

"자기 자신에 관한 것을 가장 마지막에 생각하는 것"은 이기적인 욕망을 뒤로 하는 것이다. 진짜 그런지 아닌지는 다른 사람은 몰라도 "나는 안다". "상처를 가진 이들이 서로의 것을 보듬고 선과 벽을 넘어 함께 살아가는 바른 세상"은 그가 이야기하는 '길스토리'이기도 하다. "공동의 이익에 좋은 일이 어떤 게 있을까 생각하게 된다"고 했으니 말이다. 그러면서 김남길은 변했다고 했다.

스스로가 기준점이 된 결과다. 수많은 길 중에 그가 택한 답이다.

장사의
가장 큰 밑천,
염치

～～～～～～～～～～～～～～～～～～～

　술 마시러 갔다. 별로 가본 적 없는 동네였다. 대충, 눈에 띄는 집에 들어가 자리를 잡았다. 메뉴판을 봤더니 거기 '스페셜'은 연어회. 주문했다. 주방으로 갔다가 돌아온 직원의 답은, 연어는 있지만 오늘 상태가 별로라는 것. 모처럼 좋아하는 사람들과 만난 자리였다. 다른 안주로 기분 좋게 술을 마셨다. 자리를 파하고 나오면서 주인에게 그 이유를 물어봤다. 그냥 연어가 다 떨어졌다고 하면 될 걸, 굳이 왜 그랬냐고. 그는 웃으면서 말했다.

　"양심이 있어야 장사를 오래하죠."

　이 말, 진실일까? 한 백반집이 있다. 공깃밥, 김, 김치, 데친

양배추, 된장, 배춧국, 소시지와 고추볶음, 콩나물, 파무침 그리고 생선구이. 이 모든 게 5,000원이다. 처음 갔을 때 그 맛을 대하고 우리는 이렇게 말했다. "집밥 같다"고, "건강해지는 느낌"이라고. 그 백반집, 오래됐다. 그곳에서만 27년을 장사했다. 이 경우를 보면, 확실히 양심이 있어야 장사를 오래하는 것 같다.

그 유명한 '백종원 선생'도 만날 말씀하시는 게 그거다. 욕심내지 마시라고, 그러면 더 꼬인다고, 안 좋다고. 결국 욕심과 양심 사이에서 선택을 잘해야 장사를 오래할 수 있다는 이야기다. 욕심을 누르는 그 마음, 염치가 장사를 하는 사람에게 왜 중요한 밑천이 되는지 우리는 좀 더 따져보기로 했다. 출근할 때마다 자주 들르곤 하는 카페 사장부터 만나봤다.

필동로

필동에 사무실이 있다. 남산이 코앞에 보이는 곳이다. 충무로역에서 10여 분 걸어야 하는데, 길은 세 가지다. 대한극장 앞에서 명동 방향으로 좀 걷다 보면 나타나는 《매일경제》 사옥, 그 사잇길로 들어서면 남산골 한옥마을 입구가 보인다. 남산을 향해 그냥 쭉 걸어 올라가다 보면 사무실 근처다. 걷기 가장 좋은 길이다. 출근길에는 남산을 눈에 품을 수 있고, 퇴근길에는 한옥과 잘 어울리는 야경을 감상할 수 있다. 두 번째 길은 인쇄소 골목을 따라 걷는 것이다. SBS 〈골목식당〉에서 백종원 대표와 입씨름을 벌였던 멸치국수 가게를 지나 필동주민센터로 가면 그 골목이 나타난다. 단독주택 사이사이에 인쇄소가 많아 필동의 아침이 얼마나 바삐 돌아가는지 생생하게 느낄 수 있다. 인쇄물을 트럭에 옮겨 싣는 지게차, 인쇄물을 싣고 다니는 삼륜 오토바이들이 바삐 오간다. 앞서 소개했던 5,000원짜리 백반집도 이 골목에 있다.

대한극장 앞에서 충무로 '애견거리' 방향으로 30초만 걸으면 오른쪽으로 길이 나타난다. 필동로다. 남산 쪽으로 쭉 올라가는 왕복 2차선 도로다. 아담한 길이다. 길가에 심어진 벚꽃들이 만개하는 봄에는 그 맛이 더하다. 1976년 2월 지어진 미주아파트 방향으로 걷다 보면 옛 정취가 더 진해지는데, CJ인재원을 빼면 별로 우람한 건물이 없어서다. 고만고만한 건물들이 고만고만한 가게들을 품고 있다. 그중에는 '컷·파마 전문'이라 큼지막하게 써 붙인 미용실이 있고, 양은그릇에 돼지고기를 척척 썰어 먹을 수 있는 김치찌개 집도 있다. "오늘 야구장 가는데 감기가 올랑말랑해요"란 말에 딱 맞는 약을 지어 줬던 친절한 약국도 있는 길이다.

이 길에 들어서는 사람은 다양하다. 바로 근처에 동국대학교가 있어 젊은이들이 많다. 점심시간에는 인근 인쇄소 등에서 일하는 회사 직원들이 끼리끼리 모여 다닌다. 오래된 집들을 품고 있는 동네라 주민들 왕래도 빈번하다. 주말에는 교회로 가는 사람 또는 남산으로 향하는 사람도 제법 볼 수 있다. 필동로 끝자락에 남산 올레길로 직행하는 계단길이 있어서다.

말 그대로 복합 상권인 이 길에서 특히 즐겨 찾는 카페가 있다. 사무실에서 필동로로 접어드는 딱 그곳에 있어 일단 들르기 좋다. 가성비도 괜찮다. 아메리카노 2,000원에, 쿠폰 적립하는 맛도 제법 쏠쏠했다. 그리고 사람 냄새가 느껴지는 편안한 느낌의 카페였다. 평일은 물론, 토요일이든 일요일이든 항상 편하게 들를 수 있었다.

그렇게 왕래한 지 6개월 정도 됐을까. 그곳 주인에게는 불편했을 변화가 그 거리에 생겼다. 테이블 3~4개 정도 놓을 수 있는 작은 그 카페 바로 위층에 테이블을 20개 이상 놓을 수 있는 규모의 다른 카페가 새로 들어섰다. 게다가 또 얼마 지나지 않아 길 하나를 사이에 두고 바로 맞은편에 또 다른 카페가 새로 들어섰다. 그곳 역시 테이블을 10개 정도 놓을 수 있는 규모였다. 머리 위에서 찍어 누르고, 코앞에서 치고 들어오는 모양새다. 최대 위기에 봉착한 듯했다. 하지만 그로부터 한 달, 두 달, 그리고 1년이 다 지나도록 그곳은 망하지 않았다. 아니, 오히려 점심시간에는 제법 많은 손님이 그 작은 카페를 꽉 채우고 있는 광경을 종종 목격했다. 그 이유는 무엇일까. 어느 날 그들과 마주 앉았다. 동생 사장과 누나 직원이 함께 반겨줬다.

고래 싸움에 등 안 터진 새우

"원래 이 자리에 30년 된 약국이 있었어요. 부동산에도 안 나와 있는 상태였는데, 가게 내놓은 걸 보고 그냥 그날 계약했죠. 사실, 뭘 할지도 모르고 그랬어요. 한 달 정도 있다가 츄러스 가게로 오픈했어요. 같이 하자고 누나를 꼬셨죠.(웃음)"

누나는 1972년생, 동생은 1974년생. 그때가 2015년 4월이었다고 했으니 마흔 셋, 마흔 하나, 변화를 꾀하는 나이일 수 있었다. "전업주부 하다 애들 좀 커서 다른 걸 해보려는 생각"에 누나는 직업상담사 자격증 취득을 준비하고 있었다. "회사에서 10여 년 동안 외식 업체를 관리하는 일을 했다"는 동생은 '언젠가는 나도 체인 업체 대표'를 꿈꾸고 있었다. 그 꿈은 "7억 원 정도 투자할 수 있다는 누구의 말을 12억 원이 아니면 안 된다고 거부했다"고 했을 정도로 컸다. 동생의 도전에 누나는 직업상담사 대신 '카페'로 진로를 바꿨다.

하지만 벌이가 영 신통치 않았다. '츄러스 튀기는 거 자체가 굉장히 힘들어서 그만하고 싶다"는 누나의 말, 그리고 "매출 분석을 해보니까 커피와 같은 음료 비중이 높았다"는 동생의 판단이 더해져 두 사람은 업종 변환을 하게 된다. 2018년 3월, 같은 자리에 지금의 카페를 새로 열었다. 그리고 두 사람은 욕심을 내려놓기 시작했다. 카페를 잘 키워서 같은 브랜드로 다른 곳에 여러 가게를 열고 싶었던 욕망도 접었고, 카페를 열고 3,500원이었던 아메리카노 가격도 두 달 만에 2,000원으로 낮췄다. 그렇게 욕심을 비운 자리에 '기본'을 채우기 시작했다.

동생 사장은 카페를 열면서 단순하게 생각하기로 했다고 한다. "핑계 대지 말고 할 건 하고, 그다음에 왜 안 되는지 생각해보자"는 마음으로 "손님 없을 때는 당장 할 수 있는 청소를 열심히 했다". 일정한 품질을 유지하려는 노력도 게을리하지 않았다. 동생 사장은 "가격을 올릴 수는 없으니까, 같은 원두로 더 맛있게 커피를 뽑는 방법을 연구했다"면서 "누나가 뽑든 내가 뽑든 일정한 맛을 유지하기 위해 레시피를 계량화하고, 오토 탬핑 커피 기계 사용 방법을 똑같이 맞췄다"고 했다. 그리고 동생 사장은 이렇게 말했다.

"초창기에는 크게 도전했지만, 이제는 큰 그림 그리고 있지 않아요. 다시 기초부터 다지자 결심했어요."

영업시간도 늘렸다. "그전에는 손님 없으니까 닫자고 했지만, 기다리는 것도 일이란 생각"에, 츄러스 가게 시절 저녁 6시였던 마감 시간을 밤 10시까지로 늦췄다. 누나의 퇴근 시

간은 오후 4시. 그리고 집으로 출근하면 오후 5시. 그는 중학
생 두 아이의 엄마다. 청소도 해야 할 것이고, 세탁기도 돌려
야 할 것이고, 저녁 준비도 해야 할 것이고, 설거지도 해야 할
것이다. 그렇게 집안일을 끝내면 밤 10시. "그때부터 혼자 뭐
하다가 자는 거"라고 했다. 그러니 "5시 30분에 알람 맞춰놔
도 잘 일어나지 못하는 거"다. 누나의 출근 시간은 아침 7시
30분. 집 근처 서울대입구역에서 2호선을 타고 사당역에서
4호선으로 환승해 충무로역에 도착하려면 40여 분이 소요된
다. 도보 이동시간을 감안하면 6시 30분에는 집을 나서야 한
다는 이야기다. 이렇게 글로 옮기기만 해도 그 고단함이 느껴
진다.

일이 밀려 토요일에도 사무실에 나올 때가 제법 있었다. 일
요일 출근도 제법 했다. 그때마다 이 카페는 항상 열려 있었
다. 동생 사장은 "한 달에 하루 정도는 정기휴무로 쉬려고 하
는데 그렇게 못 하고 있다"며 "손님에게는 그때가 다니까"라
고 했다. 복합 상권이니 그때가 다인 경우의 수도 복잡하기
마련이다. 교회 손님이 단골일 수 있고, 주말마다 남산을 찾는
손님이 또한 단골일 수 있다. 두 사람은 "설날이나 추석 같은
때만 쉰다"고 했다.

매출은 얼마 정도 됩니까.

우리 매출 그래프를 보면 4월부터 성수기거든요. 그때부터 쭉 가다가 11월이나 12월에는 떨어졌어요. 그런데 올해는 떨어지지 않고 조금씩 올라가고 있어요. 그걸 보면 성장세다, 그렇게 생각하죠. 내년에는 조금 더 올라가지 않을까 기대하고 있어요.

그럼 위층과 맞은편에 큰 가게가 들어섰는데 오히려 매출이 늘었다는 얘기인가요?

예.

동생 사장은 "월 단위로 신규 고객과 재방문 고객의 카드 사용 비율을 비교해보는데, 손님 열 명 중 일곱 명은 다시 오시는 것 같다"고 했다. 누나의 입에서는 단골손님 이야기가 술술 흘러나왔다. "주로 점심때 오는 40대 중반 남자 손님은 시럽 두 번, 텀블러에 요만큼 담아 가는 중국 손님은 물 조금, 가게에 조그만 소녀상 가져다준 손님은 1회용 빨대를 쓰지 않죠."

테이블 하나

오후 3시 45분께, 남은 테이블은 하나뿐이었다.

"13명 정도 앉으면 만석"인 그 카페 '1번 테이블'은 동생 사장과 이야기를 나누느라 우리가 차지하고 있었다. 창가 자리에도 두 사람이 앉아 있었다. 커피를 주문하고 카운터 앞에서 기다리는 손님도 있었다. 그것만으로도 복작복작한 가게에 여자아이 두 명이 들어섰다. 자연스럽게 남은 테이블 한 자리를 차지하는 모습이 하루 이틀 일은 아닌 듯했다. 따님인가요? 묻자, "손님들"이라고 했다. 누나가 아이들 머리를 쓰다듬으며 말했다.

"선생님은 4시에 오신대."

공부방 선생님이 아이들을 데려갈 때까지 카페를 '정류소'처럼 이용하는 모양이었다. 20분이 흘렀다. 아이들이 "충전기 잘 썼어요"라며 가게 문을 나섰다. 선생님은 "죄송해요"라고 했다. 단골이라고 했다. "엄마 아빠랑 다 같이 올 때도 있고, 선생님이 사줄 때도 있고, 아이들이 사 먹을 때도 있다"고 했다. 그날은 기다리는 시간이 그리 길지 않아서였는지 아이들은 음료를 주문하지 않았다.

동생 사장은 "5평(16.5㎡) 정도라서 할 수 있는 게 사실 많지 않다"고 했다. 그래서 느끼는 미안함을 "다르게 배려하는" 행위로 옮겼다고 한다.

예를 들면 이런 것이다. 외부에서 음식을 갖고 와서 드셔도, 심지어 천장 위에 있는 경쟁사 카페에서 파는 빵을 갖고 와서 드셔도(사실 속에서 열불 날 일이다), "손님에게 뭐라 한 적 없다"고 했다. 손님 여덟 명이 들어와서 테이블 두 개를 차지하고 세 개만 주문해도(역시 열불 날 일이다), 뭐라 한 적이 없다. 아니, 아예 내색을 하지 않으려고 노력한다. 자신이 손님으로 다른 가게에 갔을 때, 종업원이 "물수건을 테이블에 던져놓고 가서 기분 나빴던 경우" 등을 떠올리며 말이다. 역지사지로 '고래싸움' 역시 좋게 받아들였다. 훨씬 큰 규모의 카페들이 주위에 들어선 상황 자체가 손님 입장에서는 꼭 나쁘게 아니라는.

"우리 집 커피 1년 내내 마신다고 하면 1년 내내 맛있을까요? 기호식품이라 커피도 질려요. 손님도 떨어져 나갈 수 있어요. 그래서 오히려 손님에게 거꾸로 그래요. '저기 가보시라'고. 그래야 저 집 커피 맛과 우리 집 커피 맛을 비교해볼 수 있잖아요. 단편적으로만 보면, '어? 우리 손님이 저기 가네'라고 할 수 있죠. 하지만 경쟁이 생겼으니까 또 새로 유입이 될 수도 있는 거 아니겠어요? 오히려 시장이 커질 수도 있는 거죠. 무엇보다 경쟁으로만 생각하면 1년 내내 스트레스예요. 그럼 그거 손님들한테 다 전달돼요. 손님한테 하는 인사가 달라질 수 있어요. 식당 가서 기분 나쁘면 그 자리에 있지 못하잖아요. 맛도 맛이지만 기분 좋게 커피 마시러 오신 거잖아요. 기분이 나빠지면 맛도 없어져요."

비슷한 말을 들은 적이 있다. 서울 둔촌동 소재 옛날 돈가스집에서 백종원이 사장 부부에게 했던 말이 바로 그랬다.

"매번 이야기하지만, 음식 장사는 음식을 파는 게 아니에요. 음식은 덤이에요, 덤. 그게 뭐냐 하면, 그 자체가 즐거워야 해. 상대방한테 즐거움을 주는 일이에요. 그 자체가 재밌어야 돼. 쉽진 않지, 처음엔. 그게 몸에 배서 나중에 즐거워야 돼. 몸에 배기까지가 힘들어. 근데 대부분은 장사가 안 돼서 경제적으로 힘들어서 결국은 못 하고 떠나는 거예요. 그게 안타까워요. 이 프로를 하게 된 건 그거 때문이야."

그러면서 백종원이 강조한 마음가짐이 또 하나 있다. 그건 "내 가게에 와준 손님에 대한 고마움을 느낄 줄 아는 마음"이다.

백종원의 깨달음

백종원, 그의 왼손에 선글라스가 들려 있었다.

24년 전이었다. 한 경제 일간지에 백종원 더본코리아 대표 인터뷰가 실렸다. 그때도 그의 직함은 사장이었다. "강남 논현동에서 유명한 '원조쌈밥집' 창업자"이자, 한 해 50억 원가량의 매출액을 올리는 주택 회사의 사장이기도 했다. 이를 상징하듯, 인터뷰와 함께 실린 사진 속 그의 오른손에는 설계 도면과 펜이 들려 있었다. 그때 그의 나이 서른. 아주 오래전이었음에도 불구하고 그 기억이 아직 백 대표에게는 생생한 모양이었다. "우리 회사가 시공하고 있던 목조 주택 지붕 위에서 근사하게 사진도 찍었다"면서 그는 자신의 책에 당시 에피소드 하나를 소개했다.

"그 기자가 지나가는 말로 '설마 망하시는 건 아니죠? 취재만 하면 망하는 분들이 꼭 있어서요' 하며 농담을 던졌다. 말이 씨가 된다고 했던가? 나는 아직도 그 기자의 말만 생각하면 속이 쓰리다. 물론 내가 망한 것은 절대 그의 탓이 아니지만."

그 후, 농담이 진담이 됐다. 백 대표의 주택 회사가 '폭망'했다.

"나는 외환위기 때 정말 바닥까지 망했다. 당시에 쌈밥집과 식당 몇 개를 운영하고 있었는데, 그때만 해도 식당이 내일이라고 생각하지 않아 계속해서 다른 일을 찾고 있었다. 그러다 건축 자재를 수입할 수 있는 기회가 생겨 마음이 동했다. 주변 지인들 역시 식당 사업을 그만하고 건축 자재 사업을 하라고 부추겼다. 당시에 나는 이미 내 나이에 비해 음식 사업으로 꽤 높은 매출을 올리고 있던 터라 기세등등했다. 그래서 보란 듯이 건축 자재 사업을 벌였고, 그대로 폭삭 망해버렸다."

굳이 안 끄집어내도 될 이야기다. 하지만 백 대표는 이 이야기를 자신이 쓴 책들에 굳이 자세하게 소개해놓았다. 그동안 출연했던 방송 프로그램을 통해서도 여러 차례 언급했다. 그러면서 "그때 망하지 않았다면 지금의 나는 없었을 것"이라고 했다. 오늘의 백종원을 만든 깨달음을 그때 얻었다는 이야기다. 그건 무엇일까. 탐욕을 누르면 보이는 고마움, 그 마음가짐이 기본이라는 것이 백종원의 장사 철학이다.

욕심

사실 그는 부끄러웠다고 했다. '원조쌈밥집' 시절, "식당 사장이라는 게 부끄러웠다"고 했다. "목조 주택 사업이 잘되자 그 식당을 유지한다는 현실도 부끄럽게만 여겨졌다"고 했다. "식당을 한다고 알게 모르게 천대를 받고 만만하게 보이던 시절"이었고, "사회에서 인정할 만한 번듯한 일이 아니라는 자격지심에 자존심이 상했다"고 했다. 자격지심自激之心, 자기가 한 일을 스스로 미흡하게 여기는 마음이다. 나이 서른도 되기 전에 강남에서 유명한 식당 사장님이 되고, 한 해 매출 50억 원을 올리는 주택 회사 사장님이 되는 사람이 세상에 얼마나 될까. 그런 스스로를 미흡하게 여기고 부끄러워하면, 대신 커지는 것은 욕심 또는 욕망이 될 수밖에 없다. 지나치면 사람을 홀리는 마음이다. 백종원은 최면이라고 표현했다.

"그동안 '나는 특별한 인간'이라는 최면에 걸려 살아왔는데, 그 최면이 한순간에 풀리면서 '역시 나도 별수 없는 평범한 인간이구나'라는 생각이 들었다. 앞으로 살아갈 일이 너무나 막막했다. 그렇지만 도를 닦는 마음으로 지금까지 품었던 모든 욕심을 버리고 바닥부터 다시 시작해보자고 결심했다."

다시 쌈밥집을 키우기 위해 그가 선택한 '바닥'은 이런 것이었다. 새벽 4시에 시장에 가서 장을 보고, 500장이 넘는 전단지를 돌리고, 잠깐 눈을 붙였다가 오전 11시에 출근해서 새벽까지 장사를 하고. 그리고 그가 강조한 것이 또 있다.

"예전에는 손님들한테도 가식적으로 인사했지만, 이제는 진심으로 고마워하는 마음으로 고개를 숙였다."

욕심을 내려놓으니 고마움이 보였다는 이야기다. 이는 SBS 〈골목식당〉을 통해 그가 일관되게 강조하는 것이기도 하다. 메뉴를 줄이고, 가격을 낮추고, 품질을 높이라고 한다. 욕심을 줄이지 않으면 모두 불가능한 선택이다. "차라리 테이블을 빼는 게 낫다"고 했던 적도 있다. 2019년 1월 방영됐던 '청파동 하숙집 골목편'에 등장했던 회냉면집 사장 부부와 나눴던 대화에서 그랬다. 백종원은 첫 방송 후 관심이 집중된 그곳에 손님이 길게 줄을 서 있는 상황을 목격하고서 "손님 욕심을 안 내니까 서서히 매출이 올라가더라"는 자신의 경험담을 소개하며 이렇게 말했다.

"방송 나가면 사람이 엄청 올 건데, 그러지 말고 차라리 테이불을 빼시는 게 낫다. 이 집의 회냉면은 정말 맛있어요, 제대로 숙성돼서 잘 익은 회무침에 제대로 하면. 딱 두 분이 정하세요. 50그릇이면 50그릇, 60그릇이면 60그릇, 그렇게 해서 써 붙이세요. 당분간 몇 그릇만 팔겠다고 해서, 딱 두 분이 정말 할 수 있는 범위 내에서 딱 그거까지만."

자신에게 가장 많이 실망감을 준 가게로 거미새라면이란 메뉴로 유명세를 탔던 '도시락집'을 꼽았던 것도 같은 연유다. 2020년 1월 방영됐던 '거제도 지세포항 골목 긴급 점검편'이었다. 방송 이후 '만 원 이하는 현금 결제를 요구한다'거나 '1인 1라면 주문을 원칙으로 하더라'는 방문 후기가 많았던 그곳에 가서 백 대표는 이렇게 물었다. "그게 말이나 되냐고, 욕심 때문에?" 그러면서 다시 강조했다. "진짜로, 누누이 말씀드렸지 않았냐"면서 "진짜로, 제발, 욕심 부리지 마시고, 초심 잃지 마시고, 좀 멀리 내다보시라"고 말이다. "오는 사람들 6개월, 7개월, 길어야 1년이면 다 바닥 드러나니까, 그때부터 진짜라고 그러지 않았냐"고 백종원은 거듭 말했다. 그 바닥, 백종원이 앞서 이야기했던 진심이다. "진심으로 고마워하는 마음으로" 고개를 숙이는 것인지 아닌지 다 드러난다는 이야기다. 백종원은 자신이 쓴 책에서 욕심을 이렇게 규정했다.

식당을 만들면서 모든 소비층에게 만족을 주려고 하면 안 된다. 길거리에 있는 모든 사람을 손님으로 잡겠다는 것은 욕심이다.

식당 분위기를 만들 때도 절대 모든 사람을 만족시키려고 하지 말아야 한다. 그건 욕심이다.

식당 일을 즐기면서 내 인건비 정도 벌겠다는 생각으로 해야 한다. 처음부터 그보다 더 욕심을 부리면 꼬일 수밖에 없다.

그리고 고마움을 느낄 줄 아는 마음이 기본이라고 했다.

"나는 그동안 수많은 식당 프랜차이즈를 만들면서 성공과 실패를 여러 번 경험했습니다. 사회적 변화에 따라 대중들의 취향도 달라지기 마련입니다. 입맛도 마찬가지입니다. 예전에 사람들이 즐겨하던 메뉴가 지금은 찬밥 신세를 받는 경우도 있고, 과거에는 존재조차 하지 않았던 메뉴들이 지금은 호황을 누리기도 합니다. 식당 경영 방식 역시 그에 따라 달라질 수밖에 없다고 생각합니다. 하지만 절대 변하지 않는 것은 먹는장사를 시작하려는 사람은 일단 '먹는 것을 좋아해야 한다는 것'과 '한결같이 내 가게에 와준 손님에 대한 고마움을 느낄 줄 아는 마음가짐'이 있어야 한다는 것입니다."

백반집 부부

그 마음이 그대로 전달되는 곳이었다. 공깃밥, 국 그리고 일곱 가지 밑반찬에 생선구이까지 5,000원에 주는 백반집. 하필 그날 장사를 일찍 끝냈다고 했다. 해서 남은 반찬을 다 버렸다고 했다. 백반집 주인아주머니는 그래도, 밥상을 차려주겠다고 말했다. 반찬 다시 만들면 되니까, 잠깐만 기다리면 된다고 거듭 말했다. 백반 2인분, 어찌 보면 팔아봤자 돈 만 원이다. 오히려 죄송한 건 우리였다.

저희 때문에 다시 만드실 필요 없어요.
아니, 그래도 죄송해 가지고.

2020년 1월 22일, 설 연휴 직전이었다.

그럼 지금 정리 중이시구나.
설거지하는 중이에요, 지금. 아니 계란프라이하고 생선하고 드릴게. 그냥 보내드리기 죄송해 가지고.

죄송하실 게 뭐가 있어요, 우리가 늦게 왔는데.
그렇게 늦은 시간도 아닌데, 죄송해 가지고.

시계를 보니 오후 2시 22분. 아주머니는 "내일부터 쉰다"고 했다. 그래서 "반찬을 조금씩 했고, 남은 건 다 버려 이렇게 됐다"며 거듭 미안한 표정을 지었다. 사실, 그날 우리가 그 백반집을 찾은 것은 상대적으로 한산한 시간에 찾아가 그동안 궁금했던 이야기들을 물어보기 위해서였다. 앞서 그 집에서 점심을 먹었던 다른 날, 주인아저씨는 그 자리에서만 27년을 장사했다고 말했다. 우리는 놀랐다. 그래도 5,000원이라니.

올 때마다 느끼는 게 집밥 먹는 거 같거든요.

호호호.

쌀 좋은 거 쓰시는 것 같던데요.

솔직히 내가 그냥 말할게요. 그냥 솔직하게. 돈 100원이라도 싸면 우리 딸이 인터넷으로 시켜줘요. 돈 100원이라도 쌀을 싸게 사야 하잖아. 여기 다 인쇄소 분들이라 밥값을 올릴 수가 없어요. 솔직히 말하면, 팔아봐야 우린 그것도 안 돼. 일당도 될둥말둥해요. 그냥 남는다는 것보다는, 우리 식구도 같이 먹어요. 딸들도 가깝게 살고 그러니까. 그게 남는 거야. 그래서 이제 고춧가루도 1년치 사다가 냉장고에 넣어놓고, 남으면 고추장 담고.

손님에게 내놓는 그 밥상이 가족의 밥상이기도 하다는 이야기다. 우리는 그 광경을 두 차례 목격하기도 했다. 앞서 비슷한 시간에 찾아갔던 어떤 날, 바로 옆 테이블에서 우리가 먹고 있는 그대로 식사를 하고 있는 딸을 봤다. 백반집 바로 뒷집이 그들의 살림집이었고, 두 딸은 한 동네에 살고 있었다. 백반집 바로 맞은편에 있는 어린이집에 두 사람의 손주가 다니고 있다는 것도 우린 알고 있었다. 한 동네에 1년 6개월 동안 있게 되다 보면, 그래서 자주 들르는 단골집이 생기다 보면, 자연스레 알게 되는 정보였다. 궁금했던 이야기를 묻기 시작했다. 27년 동안 장사했는데 이제 5,000원이면, 대체 그동안 얼마나 가격을 올린 걸까.

언제부터 5,000원 받았어요?
한, 십 몇 년 됐어. 우리가 2,500원 받을 때부터 이걸 했는데, 그동안 두 번인가? 세 번 올렸나 봐. 27년 동안.

그다음에는?
그다음에는…… 장사 시작하고 10년 넘어서였던 거 같은데? 4,000원 했다가.

출입구에 달린 종이 딸랑거렸다. 주인아저씨가 가게에 들

어섰다.

처음 장사 시작하실 때 대통령이 누구였어요?
김영삼.

그다음 밥값 올렸을 때 대통령은 누구예요?
김대중 아니, 아니지.

'그럼 5,000원은 어느 대통령 때 올린 거냐'고 물었다. 옆에서 잠자코 듣고 있던 주인아저씨가 끼어들었다. 논쟁이 시작됐다.

부인 김대중 대통령 때 아니에요?
남편 아냐. 노무현 때.

"월드컵 열리기 전이었냐"고 다시 물었다.

남편 아냐, 이명박이.
부인 아냐, 월드컵 때 5,000원 받았어. 왜냐하면 우리가 이겼다고, 그래서 우리 아저씨가 한우를. 그때 손님들하고 약속을 한 거예요. 4강인가 가면 불고기 해드린다고. 그래서 진짜 불고기를 했어요. 그때가 아마 5,000원이었어요.

남편 아냐, 대중이 때 아냐. 저기 때 올렸을 거야. 이명박이 때 올렸어, 이명박이 때.

부인 아무튼 10년 넘었어요.

　부부의 이야기를 들으면서 2002년, 월드컵 4강에 올랐던 날, 자연스럽게 그날 장면이 떠올랐다. 스페인을 상대로 벌어졌던 승부차기에서 결정적인 선방을 하고 골키퍼 이운재 선수가 주먹을 불끈 쥐었던 모습. 그리고 이런 그림이 머릿속에 그려졌다. 이 자그마한 백반집에 모여 TV로 그날 경기를 함께 봤을 사람들. 마지막 키커로 나선 홍명보 선수가 골을 성공시키고 환하게 웃던 모습을 보면서 손뼉을 치고 환호성을 내질렀을 사람들. 그리고 기분 좋게 한우불고기를 내놨을 주인아저씨와 아주머니. 지금보다 19년은 젊었을 그 얼굴들을 잠시 상상해봤다. 연상聯想은 그래서 오래된 공간이 주는 선물과도 같은 것이다. 하지만 아주머니는 그 오래됨이 신경 쓰이는 듯했다. 찔린다고 했다.

　"가게도 손을 봐야 하고 사실은. 동네 분들 여기서 모인다고 하면, 손님들 단체로 여기 식사하러 온다고 하면은, 자꾸 거절을 하게 돼. 왜냐하면, 내가 어디를 밥을 먹으러 가도 다, 반찬은 별로라도 가게는 다 깨끗한데 우리만 더러운 거 같아가지고. 너무 그냥 그래 갖고, 단체로 오는 것도 싫고, 그래요. 우리도 수리를 해야죠. 너무 오래돼 갖고."

밥이 맛있는데 뭐 어때요.
부인 (웃음) 솔직히 말해서 음식 갖고 장난은 안 해. 그리고 일단은, 우리가 바로 뒷집에 살다 보니까, 아침 그리고 저녁까지 애기들, 우리 꼬맹이들 여기서 먹여요. 그래 갖고, 하다못해 뭐를 해도, 우리가 속아서 수입산을 살지는 몰라도, 알고 수입산은 안 사요.

고춧가루 국산만 쓰신다는?
부인 당연하죠.

아침은 몇 시에 나와서 준비하세요.
부인 저희 아저씨가 한 6시에 나와요. 왜냐하면 국 같은 거, 육수 같은 거 올려놓으면, 집에서 와서 끓이고. 나는 10시 다 돼서 나오고. 우리 아저씨는 6시에 나오고.

고향을 물었다. 주인아주머니가 남편의 고향 이야기도 했다. 남편이 원래 하던 일도 이야기했다. 두 사람이 처음 어떻게 만났는지도 이야기했다. 옆에서 의자를 정리하던 아저씨가 두 차례나 "쓸데없는 얘기 한다"며 눈치를 주기 시작했다.

하루에 몇 인분 정도 파세요?

부인 얼마 못 팔아요. 옛날에는…….

한 100그릇?

부인 못 팔아요. 7~8년 전만 해도 100그릇 이상 나갔어요. 근데 지금은 그렇게 못 팔아요. 한 60~70그릇? 근래에는 50그릇 정도. 경기가 그렇게 안 좋아요.

왜 가격 안 올리셨어요?

부인 어떻게 올려요? 사정 다 뻔히 아는데…… 못 올리지.

아무래도 여기 인쇄소 계신 분들 많이 오죠?

부인 예. 27년 동안 드신 분도 있어요, 몇 집은.

어느 집이요?

부인 저, 꼭대기. 아무튼 오래됐어요. 드시는 분만, 우리 집 아는 분만 드세요.

27년 단골이 있다니, 매우 궁금했다. 어디냐고 묻고 있는

데…… 결국 터졌다.

남편 (버럭) 아니, 쓸데없는 소릴 하고 있어. 아유, 고만해, 고만.

아저씨 기세에 눌려 물러나면서도, 그래도 하고 싶은 말을
했다. "요즘 5,000원에 어디 가서 이런 밥 먹냐"고. "방송에도
나올 법하다"고. "방송국에서 찾아오긴 했었다"면서도 주인아
주머니는 이렇게 말했다.

"손님이 많아져도, 둘이 또 힘들어서…… 둘이 할 만큼만
하면 돼요."

할 만큼만 한다. 쉽지 않은 일이다. 사람 욕심에는 끝이 없
어서다. 하지만 인간의 시간은 분명 끝이 있다. 유한한 시간
안에서 무한한 욕심으로부터 나를 지킨다는 건, 그래서 인간
으로서의 바탕을 지킨다는 말이기도 하다. 그걸 가능하게 만
드는 마음이 염치다. 인간만이 갖고 있는 밑천이다. 그 밑천을
잘 지켜내는 사람들이 옆에, 아주 가까이 있었다. 연어회를 내
놓지 않은 집이 그랬고, 아까운 테이블 하나를 어린아이들에
게 선선히 내주는 카페가 그랬다. 주인아주머니는 백반집을
나서는 우리에게 이렇게 말했다.

"연휴 끝나고 오세요. 그냥 보내드리기 죄송해서."

행복한
순희 씨

～～～～～～～～～～～～～～～～～～～～～～～～

최순희(38) 씨는 단골 미용실 사장이다. 그 미용실만 다닌지 햇수로 3년이 되었다. 그동안 파마하러 가서 커트만 하거나, 커트하러 갔는데 그냥 나오거나 한 일이 왕왕 된다. 예를 들면 이런 식이다.

"계속 기르실 거라고 했죠? 지금도 괜찮아요. 한 달쯤 후에 뒷머리가 더 자라면 뒷머리를 잘라주고 길이감 맞춰가면 될 거 같아요."

여긴 100퍼센트 예약제다. 예약한 손님을 돌려보내면 순희 씨 입장에서는 그 시간을 허탕 치는 거다. 임대료도 만만치 않을 것 같은데, 대체 왜? 평소부터 궁금하게 여겼는데 '염치'

를 주제로 글을 쓰면서 '이때다' 싶었다. 정식으로 인터뷰를 요청했다.

순희 씨 이야기를 읽으면, 가까이 있는 누군가가 떠오를 수도 있을 것이다. 거기만 가면 기분이 좋아지는 그런. 사실, 잘 알려지지 않아서 그렇지 순희 씨 같은 분이 독자님 곁에도 있지 않을까. "아닌 걸 알면서도 그걸로 돈을 벌고 싶지 않다"는 말이 꼭 위인전에 나올 법한 이야기는 아닐 게다. 다만, 그렇게 떠오르는 누군가의 속내를 접할 기회는 별로 많지 않을 것이다. 나 역시 그랬으니까. 인터뷰가 아니었다면 "돈 욕심보다는 관계가 더 중요하다"는 말을 아마 듣지 못했을 게다. 그래서 순희 씨 말을 독백처럼 풀어보았다. 이 책을 읽어주시는 분들에게 이야기를 건네고 싶었기 때문이다. 어쩌면, '당신'의 이야기일 수도 있으니까.

저는 그냥 머리하는 사람

제가 너무 평범하지 않나요? 인터뷰라니…… 제가 뭐라고요. 전 그냥 머리하는 사람인데요. 인터뷰를 해야 하나 말아야 하나 고민이 많았어요. 미용실 홍보하려 나섰다고 오해받을까, 제가 상처 입을까 봐 걱정도 했고요. 그러다 문득 이 일을 몇 년 했나 꼽아봤어요. 올해로 16년 됐더라고요. 서른여덟 살이니까, 사회에 나와서 쉬지 않고 이 일을 한 거죠. 그렇게 생각하니까, 나에 대한 기록으로 남는 거니 해보자…… 그런 마음이 들었어요.

근데 이게 얘깃거리가 될까요? 보통 ○○ 스타일리스트 이렇게 닉네임 쓰잖아요. 근데 저는 본명 써요. 최순희. 이름이 좀 올드한 편이죠. 하도 놀림 받고 그러다 보니 대학 가면 슬기나 아름으로 개명할까 그랬는데, 이 이름이 할머니가 지어 오신 이름이라더라고요. 그래서 개명 안 했어요. 나이 먹을수록 이 이름이 좋은 거 같아요. 기억에 남잖아요, 순희.

처음에 가게 이름을 뭘로 할까도 엄청 고민했어요, 흐흐. 작명 센스가 너무 없어서요. 뭐뭐 헤어, 뭐뭐 미용실 이러고 싶진 않아서 내 공간이니 생일을 넣자, 그래서 미용 용어 뒤에 제 생일 붙인 게 샵 이름이에요. 간판은 처음부터 없었어요. 벌컥 문 열리고 "커트 돼요?", "파마 얼마에요?", "모닝 할인 돼요?" 이렇게 되면 흐름이 끊기거든요. 시간 내서 방문해 주신 분들께 오롯이 집중해서 대하고 싶었어요. 조용하고 차분하게 운영하고 싶었어요.

가게 처음 열게 된 이야기부터 할까 봐요. 제 개인 미용실을 낸 게 2017년 9월이니까 올해로 4년차네요. 원래는 안암동 쪽에서 일했어요. 디자이너 다섯 명, 제가 책임자급이었죠. 손님 대 디자이너가 일 대 일 구조(동 시간대에 다른 손님을 받지 않는 시스템)로 시작했어요. 헤어 시술 가격이 비싼 편이었는데 이런 시스템을 선호하는 고객이 생각보다 많더라고요. 시간이 지나고 미용실이 자리 잡으니까 다른 디자이너들이 '오버부킹(디자이너 한 명이 손님 여러 명을 맡는 구조)'을 시작하더라고요. 매출이 나오면 인센티브를 받는 구조니까 이 손님한테 갔다가 저 손님한테 갔다가 너무 정신이 없었어요. 자리 두고 싸움도 나고 이건 좀 아니지 않나 싶었는데…… 다른 친구들이 스태프 채용해달라고 요구하더라고요. 애초에 일 대 일 시스템으로 시작했는데, 전 답답하더라고요. 대표님은 "돈 더 벌고 싶다니 스태프 채용해줘" 이러시고. 내적갈등이 심했어요. 그 친구들이 틀렸다고 얘기할 수는 없겠죠. 근데 머리 만지는 일이 단순히 돈 버는 방편만은 아니잖아요.

그래서 '그냥 쉬자', 했어요. 16년 일하면서 쉰 게 채 1년이 안 돼요, 오늘을 살면서도 내일이 불안한 성향이라서. 일단 그만두긴 했는데 쉬는 동안 제 고객님들이 "머리해야 하는데 어디 갔냐"고, "어느 가게로 가면 되냐"고 계속 연락이 오더라고요. 아, 되게 불편했어요. 엉덩이가 들썩이는 느낌? 안 되겠다, '가게 열 준비를 해야겠다' 해서 발품 팔고 준비해서 퇴사 한 달 반 만에 개업했어요.

초반에 가게 열었는데 수입이 없으니까 매일 울었어요, 크크크. 남편 붙잡고 '왜 안 말렸냐'고 괜히 트집 잡고, 매일 술 마시고. 그때에 비해서 지금은, 진짜, 완전 다르죠.

돈? 돈? 돈?

그게, 제가 바뀌어서 가능했던 거 같아요. 20대 때는 돈 욕심이 진짜 많았어요. 메인 인턴 붙여가며 '더, 더, 더' 돈 욕심 낼 때도 있었거든요. 근데 어느 순간 제가 머리를 하는 게 아니라 영업을 하고 있더라고요. "모발 상태 때문에 클리닉하셔야 해요, 괜찮으시죠?" 이러면서 끼워팔고.

아…… 이건 아닌데……. 회의감이 들어서 상담 방법을 바꿨어요. 있는 그대로. 지금 모발 상태가 이러신데 클리닉을 했을 때 이런 부분은 플러스지만 이런 부분은 마이너스다, 이론적으로 설명하고 선택하실 수 있게끔. 상담을 긴 시간 하니까 고객님들이 뭘 원하는지 알게 되고, 그거에 맞추다 보면 "이번엔 파마 시술 쉬시는 게 어때요" 제안 드리게 되고 하더라고요. 방법을 바꾸니 다른 게 보였어요. 고객님들이 머리에 대해 갖는 불편감이 정말 다양한 걸 알게 된 거죠. 이걸 어떻게 해결하지 고민하게 되고 그러다 보니 고객님들과 관계가 단단해진 거 같아요.

그걸 경험해놓고도, 제 가게를 내니까 또 '돈, 돈, 돈' 그러고 있더라고요. 제가 번 돈으로 대출 하나도 안 받고 준비한 매장이었거든요. 투자한 거 빨리 뽑아야 하는데…… 엄청 조급했어요. 스트레스도 심했고요. 그런데 시어머니가 그러시더라고요.

"돈 쫓지 마라. 돈 쫓다 보면 사람 다 잃는다. 손님 오면 뭐 하나라도 챙겨줘라."

처음엔 저도 "그게 어떻게 돼" 했죠. 시간이 좀 지나니까 '내가 또 돈, 돈, 돈 하고 있네' 싶더라고요. 그걸 내려놓았어요. 고객님과 소통하는 것에 집중했죠. 그랬더니 고객님들 만족도가 높아졌고요. "파마하러 갔는데 커트만 하고 왔어", "파마했는데 되게 좋았어", 이러면서 주변에 추천해주시더라고요. 그러면서 차차 나아졌어요. 어른 말 틀린 게 하나 없어요, 그죠?

여기가 100퍼센트 예약제고, 또 시술 가격대가 낮은 편이 아니잖아요. 그렇다면 많이 듣고 확실하게 고객들의 니즈를 반영해야 한다고 생각해요. 그럴 만한 가치가 있는 곳이어야 하잖아요. 그래서 "이번엔 커트 안 하셔도 된다", "지금 염색하면 다음에 파마했을 때 색 다 날아가니까 파마하고 차차 염색하자", "곱슬기 펴지 말고 그냥 한번 길러보자" 그렇게 제안드릴 수 있는 거 같아요.

돈 보다 더 중요한 건 관계라고 생각해요. 계속 와주시는 분들, 새로 오시는 분들. 차곡차곡 관계가 쌓여나가잖아요. 그분들 덕에 제가 먹고살잖아요. 이건 뭐…… 정말 감사하죠.

좋은 방향으로 가고 있어요, 제가

제일 오래된 고객이, 가만 보자…… 한 8년 되셨나 봐요.

악성 곱슬 모발이에요. 안암동 샵에 있을 때 손님이셨죠. 처음 머리를 폈는데 안 펴지더라고요. "아우." 이건 누가 봐도 돈을 받을 수 없겠어서 "최선을 다했는데 이렇게 됐다. 죄송한데, 괜찮으시면 시술을 한 번 더 해드리고 싶다"고 했어요. 이미 작업 한 데만 네 시간? 썼는데 그랬죠. 근데 고객님이 본인이 악성 곱슬인 거 아시니까 "원래 덜 펴지더라도 숨은 좀 죽으니까 미용실에서 머리를 해왔는데, 다시 해준다는 사람은 처음 봤다. 좋다" 그러시더라고요.

그날 마무리 다 하니까 밤 11시? 수원에서 왕복 네 시간 걸려 머리를 하러 오신 건데, 다신 안 오실 줄 알았어요. 그런데 제가 개인 샵 낸 지금까지 계속 오세요. 그분께 요즘은 되게 다양한 시술을 해보고 있어요. 컬도 넣어보고, "이래서 좋았어요, 이래서 불편했어요" 피드백도 주시고. 그러다 보니 새로운 시야가 열려요.

그분이 앞서 매직 스트레이트 파마(머리카락을 펴는 시술)를 하셨어요. 그런데 머리가 자라면서 곱슬기가 붕 뜨더라고요. 그냥 그 상태로 자라면 '히피펌(파마의 한 형태)' 느낌이 날 거 같아서 그냥 길러보자 제안 드렸더니 "그러겠다" 하셨어요.

두세 달 후에 오셨는데 고객님이 "매직한 곳을 원래 곱슬머리처럼 파마해보면 어떠냐"라고 하시는 거예요. 저는 매직한 곳을 길러서 잘라낼 생각만 했는데 한 대 빡 맞은 느낌이더라고요. 왜 그 생각을 못 했지? 너무 재미있더라고요. 그래서 비슷한 모발을 가진 다른 고객님께도 "손님한테 배웠다. 해보시겠냐"고 제안 드리고, 그 고객님은 "선생님 믿고 해볼게요" 하시고는 너무 만족스러워하시고. 정말 좋아요.

이게 일이라기보다는 너무 재미있는 걸 하는데 돈이 따라오는? 항상 일이라는 게 괴로웠는데 지금은 행복해요. 노홍철씨가 〈무한도전〉에서 "이렇게 재미있는 걸 하면서 돈을 벌다니, 나는 럭키 가이" 그랬잖아요. 근데 제가 그런 느낌이에요. 요즘에 하고 싶은 일 하는 사람 찾기 쉽지 않잖아요. 그렇게 생각하면 너무 좋은 방향으로 가고 있어요, 제가.

눈탱이

지금 자르기보다는 기르는 게 나을 텐데, 한 달 후에 염색해도 되는데, 클리닉 한 번 한다고 모발이 뿅 달라지는 게 아닌데, 이걸 제가 아는데 아닌 걸 맞다고 해서 돈을 벌고 싶지는 않았어요. '눈탱이' 친다고 하잖아요. 그렇게 돈 안 벌어도 돼서 좋아요.

결국 나를 속이는 거잖아요. 제 가게 열었지만 직원 생활할 때만큼 벌었던 적 한번도 없어요. 그래도 임대료 내고 먹고 살아요. 딱 필요한 만큼 벌고 있는 거 같아요. 돈 많이 벌던 때로 돌아갈래? 하면 다시 돌아가고 싶지 않아요.

거의 한 달 내내 오전 10시부터 오후 9시까지 일하던 때가 있었어요. 막 오픈한 매장에 저 하나 스태프 한 명. 그런데 의자는 여덟 개. 매장 대표님은 가게에 거의 안 오시고요. 한 달에 두 번 쉴까 말까 했어요. 돈이야 많이 벌었죠. 그런데 컨디션이 너무 안 좋았죠. 그때 혈변 보고 막 그랬거든요. 일은 계속해야 했고 손님은 계속 오시고…….

어떤 분이 파마하러 오셨어요. 그런데 상담을 꼼꼼히 못 한 거예요. 그분이 탈색모였던 거죠. 탈색 머리는 파마하면 안 좋거든요. C컬(알파벳 모양으로 곱슬머리 같이 나오는 시술) 하고 싶으시다기에 스태프한테 샴푸 맡기고 전 화장실에 갔어요. 다녀와서 파마약을 발랐는데, 바르자마자 머리가 녹는 거예요. 그때서야 아차 싶었어요. 제가 샴푸를 했으면 탈색 머리인 걸 알았을 텐데, 상담할 때 모발 이력을 조금이라도 여쭤봤으면 이런 일이 안 벌어졌을 텐데, 이래저래 착오가 난 거예요. "정말 죄송하다" 사과드리고……. 아 지금 생각해도 얼굴이 화끈거리네요. 진짜 부끄러운 기억이에요.

그런 컨디션이었으면 일을 하지 말았어야 해요. 그놈의

'돈, 돈, 돈', 참…… 다시 방문해주시면 어떻게든 모발 회복시켜드린다고 했지만, 오고 싶겠어요? 안 오시더라고요. 문자도 드리고 해봤지만 결국 관계가 회복될 수는 없었죠.

역지사지

전 역지사지라는 말이 좋아요. 이 일을 하는 사람들이 역지사지하는 마음으로 상대방을 배려할 수 있었으면 하는 거, 그게 그냥 제 바람이에요.

제가 손님이 되어보니까요. 미용실이 편안한 공간이 되는 게 중요하다는 걸 느꼈어요. 2019년 초에, 그땐 일본 불매 운동하기 전이었어요. 그때 일본에 다녀왔거든요. '대형 샵 하나랑 소형 샵 하나 가봐야지' 했어요. 크고 화려한 매장에 가니까 제가 위축이 돼요. 진짜 처음이었어요. 그분들은 열심히 상담을 해주려고 하는데, 제가 더 얘기를 못 하겠는 거예요. "알아서 해주세요" 그랬어요. 서비스는 정말 좋았는데 만족도가 높지 않았어요. 반면 작은 미용실에 갔을 때는 마음이 편했어요.

미용실 처음 방문하는 고객들이 기대를 하면서도 '괜찮을까, 망하면 어떡하지', 그런 걱정 등, 만 가지 감정을 갖고 오신다는 걸 그때 확 느꼈죠. 그래서 머리 하나는 편하게 할 수 있는 곳, 동네 아는 미용실 같은, 그런 곳이 되고 싶어요. 예전에는 다른 디자이너들이 고객한테 "언니, 누나" 이런 소리 들으면 '어우, 되게 급 낮아 보이게' 막 이랬어요. 디자이너인데 '선생님 소리 들어야지' 뭐 그렇게 생각했죠. 그런데 요즘은 자주 오시던 고객이 무의식 중에 "언니" 하고 부를 때 씩 웃게 돼요. 기술적으로 엄청 훌륭한, 그런 것보다는 편하게 다가갈 수 있는 사람이 되고 싶어요.

아버지, 행복해요

여기 가구들 나무로 만든 건 다 아버지가 해주신 거예요. 제가 키가 좀 있다 보니까 허리 많이 구부리지 말라고 일일이 치수 재서 도면 그려서 만드신 거예요. 파이프 인테리어는 신랑이 을지로 가서 다 잘라 왔고요. 배관 공사는 시아버지 지인 분이 해주셨고. 너무 많은 분에게 도움받아서 꾸린 공간이라 어느 것 하나 허투루 할 수 없어요. 공간에 대한 애착이 많아요. 돈보다 관계에 집중할 수 있었던 게, 그런 마음 덕분이었던 거 같아요. 그리고 이 샵은 30대 중반까지의 제 시간을 갈아서 반죽해 세워놓은 곳이에요. 안 무너졌으면 좋겠어요. 진심으로.

처음 미용 일 배우겠다고 했을 때 아버지 반대가 심했어요.

아버지한테 진짜로 두드려 맞았어요. 아버지가 목수세요. 현장 일을 하시다 보니 저는 몸 쓰는 일을 안 했으면 하셨던 거 같아요. 아버지가 "왜 노가다를 하려고 하나" 그러셨어요. 처음에는 이게 왜 노가다야, 했는데 힘들긴 하죠. 쉬는 날만 되면 손발이 팅팅 부어요. 정말 바쁘게 일할 때는 생리하는데, 화장실 한 번을 못 가서 마감하고 나서야 확인했더니 옷에 다 묻어 있고, 누구도 얘기해주지 않았고……. 반대하실 법도 했죠 뭐.

원래 제 꿈은 그림 그리는 거였어요. 고등학교 입학할 때 IMF가 터졌어요. 현장에는 일이 없고, 집엔 교복 살 돈도 없어서 물려 입고. 당연히 저는 그림을 못 했죠. 도저히 집안 상황이 나아질 거 같지 않더라고요. 그러다 눈 돌린 게 특수 분장. 그런데 그것도 유학 가야 하고 경제적 지원이 필요하더라고요. 다시 눈을 돌린 게 미용 일이었어요. '나는 꼭 미용 일을 하고 싶어'가 아니었어요. 먹고 살아야 하니까, 돈을 벌어야 하니까. 다시 태어나면 4대 보험 받는 사무직 종사자로 태어나야지 그랬어요.

요즘은 진로 때문에 고민하는 친구들 있으면 미용하라고 권해요. 너무 좋은 직업 같아요. 머리로 사람을 기분 좋게 만들 수 있잖아요. 남녀노소, 상대에 제약이 없죠. 또 누군가의 역사를 함께하는 사람이 될 수 있고요. 솔로였던 고객이 커플

이 되고 결혼을 하고 아기를 낳고 아기 배냇머리를 밀러 오고. 취업 준비생이었는데 취업하고 함께 축하해주고.

육체적인 노동 강도가 낮은 편이 아닌 건 맞아요. 그렇지만 참 매력적이에요. 제가 행복하니까 이 직업을 권할 수 있는 거 같아요. 제가 사는 게 정답은 아닐 수 있지만, 이렇게 살면 행복하더라고요.

3부

염치가
당신을 바꾼다

자존감을
높이는
염치

〜〜〜〜〜〜〜〜〜〜〜〜〜〜〜〜〜〜〜〜〜〜〜〜〜〜〜〜

그동안, 왜, 청렴하다는 뜻에만 갇혀 있었을까.

염치廉恥의 염廉, 이 글자에 살핀다는 뜻도 있다는 말을 들으면서 콱 막혀 있던 뭔가가 뚫리는 듯했다. 문요한 작가를 만났다. 정신과 의사인 그는 《굿바이, 게으름》을 비롯해 《관계를 읽는 시간》,《스스로 살아가는 힘》,《마음 청진기》 등의 저자이기도 하다. 최근 출판된 《이제 몸을 챙깁니다》를 통해서는 마음을 챙기려면 먼저 뇌의 섬엽을 챙겨야 한다는 도발적인 이야기를 풀어내기도 했다.

살필 염廉

국어사전에서 염치를 찾아보면, 체면을 차릴 줄 알며 부끄러움을 아는 마음이라고 나와 있습니다. 부끄러움도 마음이잖아요? 그런데 그 마음을 왜 아는 마음으로 또 구분해놨을까요.

고등한 동물일수록 진화를 거듭하면서 감정에 분화가 일어납니다. 즐거움, 분노, 공포, 슬픔은 포유류 이상이 갖고 있는 기본적인 감정이죠. 하지만 부끄러움은 인간만이 가진 감정 중 하나입니다.

부끄러움이란 감정은 불안에서 출발하는 것이라 볼 수도 있어요. 유아기 때는 낯선 사람에 대한 불안감이 있죠. 엄마 뒤로 숨거나 해요. 그런 불안감은 사회화를 거치면서 다듬어지고 누그러집니다. 그런 상태가 수줍음이죠. 자의식이 생기고 '나'에 대한 2인칭 사고가 발달하게 되면, 다른 사람이 나를 어떻게 볼까 의식하게 됩니다. 어떤 실수를 한다거나, 자신의 옷차림에 대해서라거나. 그게 창피함입니다. 이렇게 부끄러움 안에는 수줍음도 있고, 창피함도 있어요.

그다음에, 자기 자신의 나름대로의 기준이나 도덕이 발달하면서, 스스로의 양심에 비춰봤을 때 바르지 못한 행동이나 말, 이런 부분에 대해 스스로 부끄럽게 여기는 것, 그게 염치죠. 염치廉恥 앞에 있는 염廉이란 글자에는 청렴하다는 뜻도 있지만 살핀다는 뜻도 있습니다. 헤아린다는 거죠. 부끄러움에 끌려가는 게 아니라, 왜 부끄러워하는지 살펴본다는 의미가 있는 겁니다. 감정 자체만 있는 것이 아니라 인지적 측면이 들어 있는 거죠. 그러니까 염치는 부끄러움 중에서도 가장 고차원적인 겁니다. 부끄러움을 느껴야 성찰할 수 있는 거죠. 정신과에서 가장 중요하게 여기는 게 자기성찰적 감정이에요.

염치를 찔린다는 말로도 표현할 수 있을까요?
'쪽팔리다', '창피하다'는 것은 기본적으로 타인의 평가가 있어요. 그 평가는 실제적인 것이기도 하고 예상되는 것이기도 해요. 외부에서 나를 찌르는 거죠. 컨닝을 했는데 그게 들켜버리면 창피한 거고, 들키지 않았는데도 내 마음이 계속 괴로운 그런 감정. 염치라는 인지적 감정은 내부에서 찌르는 거죠. 회사에 늦게 갔어요. 직장 상사가 '왜 늦었어?' 했는데, 거짓말로 둘러댈 수 있잖아요. 그런데, 그렇게 하고 나서 생각해보니까 내 자신이 너무 부끄럽게 여겨지는 겁니다. 떳떳하게 행동하지 못한 스스로가 찔리는 겁니다. 염치는, 그래서 수치라는 단어와 비교할 수 있어요. 수치, 부끄러울 수羞에, 부끄러울 치恥예요. 부끄럽고 부끄러운 겁니다.
부끄러움이 없거나 부끄러움이 부족한 것도 병이지만, 지나친 것도 병입니다. 수치심 때문에 정신과에 오시는 분들이 굉장히 많아요. 부끄러움이 너무 많아서. 예를 들어 좋은 차를 타고 다니지 못하는 게 그렇게 부끄러워 할 일은 아니잖아요. 자기 자신을 감추거나 속이게 될 수 있어요. 이런 부끄러움은 자기성찰적 감정이 아니죠.

수치심의 근원은, 유아기에 사랑이나 애정을 갈구했다가 거절당한 경험들에서 시작된 감정으로 보거든요. 일단 아이들한테는 생존적인 상황이란 말이죠. 누구한테 사랑받아야 하고 보살핌을 받아야 하는데, 그런 상황에서 거절당했다는 것은 나란 존재 자체가 부정당하는, 그런 것이기 때문에 수체심은 굉장히 괴로운 감정이에요. 그래서 정신과에 오시는 분이 많은데, 정말 괴롭고 고통스러운 거죠. 생존에 위협을 주는 감정이기 때문에.

그로 인한 행동은 크게 두 가지로 나뉩니다. 하나는 자기혐오로 이어지는 거죠. 이 경우는 나란 존재와 내가 하는 행위 자체가 전혀 분리가 안 돼 있어요. '내 행위가 잘못됐다', '내 일부가 문제 있다'고 느끼는 게 아니라, 나란 존재 자체가 잘못돼 있다는 것이기 때문에 스스로를 쓰레기라거나 형편없는 사람으로 생각하게 되는 겁니다. 이건 공부를 좀 더 잘한다거나 성형수술을 한다거나 하는 식으로 아무리 메우려 해도 해결이 안 돼요. 자존감이 가장 밑바닥인 상태인 거죠.

이와 정반대로 상대방을 굉장히 공격하는 걸로 이어지기도 합니다. 너무 괴롭고 참담한 감정이기 때문에, 이걸 빨리 감추고 태워버리려고 하는 거죠. 누군가 나에게 싫은 말을 하거나 비판을 하면, 그걸 나란 존재를 부정한다거나 무시하는 걸로 여기고 굉장히 이해할 수 없을 정도로 분노를 퍼붓는 거죠. 상대를 짓이기고 깔아뭉개서 그만큼 내가 우월한 존재라는 걸 입증함으로써 수치심을 감추려고 하는 겁니다. 그래서 수치심은 회피하거나 파괴하는 쪽으로 치닫도록 하는 감정입니다. 어떻게든 덮어버리려는 쪽이어서 절대 자기 개선이 이뤄지지 않아요.

반면 염치는 자기 개선으로 이어지는 마음입니다. 자기 기준에 의해 부끄러움을 느끼는 사람은 후회가 이뤄지고 반성이 이뤄져요. 어떻게든 그걸 바로잡으려고 하는 노력으로 이어질 수 있어요. 부끄러움이 동력이 되는 겁니다. 뭔가 머무르는 게 아니라 개선한다는 측면에서, 염치는 그래서 굉장히 진보적인 감정인 거죠. 자신이 생각하는 기준이나 이상에 미치지 못하는 자신을 살피고, 불일치나 격차를 메우려고 노력하게 만들죠. 그런 노력이 있느냐 없느냐, 실천적 행위 여부가 염치와 수치를 구분하는 기준이 될 수 있는 겁니다.

역지사지

자존감이 높으면 자신에게 부끄러운 행위는 상대적으로 덜하게 되겠네요.

아무래도 그렇지 않을까요? 그리고 상대방 비판도 잘 수용할 줄 알겠죠. 나에 대한 공격으로 느끼기보다는 단지, 어떤 이견을 갖고 있다고 보는 거죠. 자존감이 약하면 다른 생각을 얘기하는 거 자체를 마치 내 말이 틀렸다고 하는 걸로 생각해버릴 수 있어요. 그런데 상대방 말이 항상 맞는 건 아니잖아요? 기본적인 자존감이 있다면 이렇게 생각하겠죠. '이 사람은 그런 취향을 갖고 있구나, 난 이런 취향 갖고 있는데', '이 사람은 이 상황에 대해 이렇게 생각하는구나, 난 이렇게 생각하는데'. 내가 우월하다거나 열등하다거나 그런 관점이 아니라요. 그런데 지금 우리 사회를 보면, 나만 존중한다는 개념으로 자존감이 흘러가는 경향이 있어요. 건강한 자존감은 상호 존중을 바탕에 두는 겁니다. 기본적으로는 나를 존중하는 거지만, 꼭 우리가 생각해야 할 건, 상대를 존중하는 게 필요하다는 것이죠.

지금 우리 사회에서 끊임없이 자존감이 회자되거든요? 그건 사실, 자기를 존중하는 마음이 부족해서라기보다는, 기본적으로 상대를 존중하는 마음이 부족하기 때문에 문제가 되는 겁니다. 내가 좋아서 이렇게 행동하는데 '뭐가 문제야?'라는 식이죠. 그런 행동을 했을 때 상대가 어떻게 느끼는지, 그런 헤아림이 부족한 경우가 적지 않습니다. 동료가 새 옷을 입고 왔어요. 그런데 내가 보기에는 굉장히 '싼티' 나.(함께 웃음) 솔직하게 얘기합니다. "야, 싼티 난다." 나는 솔직하지만 다른 사람한테 상처를 줄 수 있는 거죠. 상대 입장에서 생각해볼 수 있는 마음 자체가 사회적으로 필요한 거잖아요. 흔히 역지사지라고 하는 것 말이죠.

부끄러움은 사회적으로 굉장히 중요하고 꼭 필요한 감정입니다. 우리는 타인을 의식 안 할 수 없어요. 적정선이라면 건강한 겁니다. 타인을 너무 의식하는 것도 문제지만, 그렇지 않은 것도 문제입니다. 우리 사회가 급격하게 개인화되면서 사회적인 감정으로서의 부끄러움이 많이 약해지고 있어요. 자기 자신만의 1인칭 관점에서 살아가는 사람들이 급격하게 많아지고 있지 않나 생각해요. 물론 현대인들은 나르시시즘을 벗어날 순 없어요. 하지만 그 정도가 지나치면 그 경우의 나르시시즘은 부끄러움 결핍증이라고 할 수 있겠죠. 그런 나르시스트들은 염치가 없어요. 자기 성찰적 감정으로서의 부끄러움이 없는 거죠.

눈치란 말 있잖아요. 눈치가 쌍방으로 긍정적으로 이뤄지는 경우에는 그게 염치로 이어질 수 있겠다는 생각도 했어요. 조선시대에는 왕도 신하의 눈치를 봐야 하는 통치 시스템을 갖고 있었더라고요. 그렇게 서로 염치를 지키도록 하면서 힘의 균형을 유지하는. 그래서 살핀다는 측면으로 본다면, 눈치도 염치에서 중요한 부분이 아닐까 하는 생각을 했어요. 역지사지에서도 그렇고요.

그렇죠. 그런데 눈치를 많이 봐도, 그게 다른 사람 마음을 엉뚱하게 헤아려버리면, 눈치 없는 사람이 되는 거죠. 눈치를 잘 본다고, 상대방 마음을 잘 읽는다고 착각하는 사람들이 꽤 있죠. 자기 생각을 상대방 생각이라고 여기는 거죠. 실제 상대방 마음을 읽어야 하는데 말이죠.

눈치란 게 기본적으로 직감 같은 거잖아요. 그러니까 어른은 눈치에 머물러 있으면 안 되죠. 공감이 이뤄져야 하는 거죠. 인지적 공감, 그게 역지사지죠. 내가 상대방 입장에서 헤아려 보는 거죠.

눈치에는 헤아림이 없어요. 인지적 공감에서 굉장히 중요한 건, 그래서 물어봐야 하는 거예요. 내 멋대로 추측하거나 어림짐작하는 게 아니라, 내 방식대로 해주는 게 아니라 상대방한테 물어보는 거예요. 그렇지 않고 자기중심적인 1인칭 사고만 갖고 있는 사람들에게는 상대방이 싫어할 수 있다는 전제 자체가 성립되지 않아요. 그냥 내 방식대로 주는 거죠.

그럼, 개인화된 사회로 갈수록 염치의 중요성도 더 높아지겠네요.

그렇죠. 다만 건강한 개인주의와 그렇지 않은 개인주의를 구분할 필요가 있어요. 저는 개별화와 개인화란 말로 구분하는데, 개별화가 건강한 개인주의죠. 사람들이 다 각자의 개성, 취향, 가치관에 따라 자기다워지는 거죠. 개인화는 원자화죠. 관계가 다 끊어지고, '너는 뭐 하든지 신경 안 써. 그냥 나는 나대로, 너는 너대로'. 나만 위하는, 나만 생각하는, 이기적인 것과 비슷하죠. 지금 그냥 다 뒤엉켜서 개인주의가 굉장히 좋은 거라는 쪽으로 가고 있어요. 사실 문제죠.

건강한 개인주의는 상호적 개인주의입니다. 나도 좋고 너도 좋은, 그런 조화와 균형을 생각하는 겁니다. 나의 욕심을 추구하지만, 그게 다른 사람에게 피해를 줘서는 안 되는 거잖아요. 타인의 불행을 토대로 나만 행복해지면 상관없다는 그런 태도, 이건 안 되죠. 그래서 건강한 개인주의에는 당연히 협력이 들어갑니다.

이와 상반되는 게 배타적 개인주의죠. 다른 사람 필요 없는 거죠. 그냥 나만 행복하면 되는 거고, 나만 성공하면 되는 거죠. 그래서 수단과 방법 가리지 않고 성취하는, 과정이나 수단이 별로 중요하지 않고 결과만 중요하게 여기는, 이게 몰염치죠. 배타적 개인주의에서는 염치가 점점 사라질 수밖에 없겠죠. 반대로 상호적 개인주의에서는 염치가 더 살아나는 거죠.

그게 더 자기다워지는 거고.

행복

작가님은 어른이 된다는 것의 핵심은 자율성이고, 그게 발달하지 못하
면 불행해질 수밖에 없다고 이야기하신 적이 있습니다. 칸트가 말했던
자율성으로 읽혔어요. 칸트의 자율성을 남의 명령에 의존하지 않고 스
스로의 의지로 도덕법칙을 세우고 그에 따르는 것이라고 본다면, 결국
욕망에 휘둘리지 말아야 하고 양심에 따라 행동해야 한다, 그래야 행
복해진다고 읽혔는데요. 이런 해석, 어떻게 생각하시는지?

뭐, 뭐, 뭐 해야 행복해진다고요?(함께 웃음) 욕망에 휘둘리지
않는다는 게 뭘 의미하는지 잘 와닿지 않는데요. 사실, 욕망이
없을 순 없잖아요. 다만, 욕망이란 것, 우리가 끝이 없다고 하
잖아요. 뭔가 소유하게 되면 더 갖고 싶고, 더 높은 곳에 있고
싶고 그러니까. 이 자체가 남보다 우위에 선다는 이야기라서
끝이 없다고 하는 거죠.

제가 자율성을 얘기할 때 에드워드 데시라는 심리학자의 자
기결정성 이론을 인용하곤 하는데요. 인간은 태생적으로 세
가지 심리적 욕구를 갖고 살아간다고 했어요. 첫 번째가 자율
성, 두 번째가 유능감, 그리고 세 번째가 친밀감. 이런 욕구들
이 먹고 싶고 자고 싶은 그런 생리적 욕구와 동일하다고 봤

어요. 이 세 가지 심리적 욕구가 결핍되면 병들게 되고, 반대로 잘 충족되면 행복이라고 보는 거죠. 문제는, 이 세 가지 심리적 욕구는 사회적 관계에 의해 변형되기 쉽다는 거예요. 특히 지금처럼 과도한 경쟁사회에서는 더욱 그렇죠. 자율성이란 말, 나 스스로 내 삶을 살아가면 된다는 거잖아요. 그런데 이 말이 다른 사람보다 우위에 서 있어야 한다는 식으로 변질되면, 절대 채워질 수 없는 욕망으로 변질되는 거죠. 유능감도 마찬가지예요. 저는 향상심이라고 표현하고 싶은데, 데시가 말했던 유능감, 이 향상심은 내부 비교거든요. 어제보다 조금 더 나은 나, 내가 갖고 있는 강점이나 자질, 재능 그런 걸 닦아나가서 점점 나아진다는 것이 유능감인데, 이게 경쟁사회와 접목이 돼버리면 또 비교 우위가 되기 쉽죠. 남보다 피아노를 더 잘 연주해야 한다는 건 유능감이 아니라 압박감이죠. 더 잘하지 못하면 그로 인해 아예 안 해버리죠. 그래서 가치적 자율성이 중요해요.

전복이 한 번 일어나야 합니다. 유년기나 청소년기를 거치면서 부모나 사회가 주입한 가치에 따라 어떤 기준이 형성돼요. 뭐 '성공해야 한다'거나 '대학 교수가 되어야 한다'거나, 심하게 표현하면 문신 같은 게 새겨져 있어요. 어린 시절 어떤 경험 때문에 '형을 이겨야 한다', '형보다 잘나가야 한다'는 암시에 걸려 있을 수도 있고요. 한편으로는 '남한테 피해를 끼치면 안 된다'는 이런 믿음들, 18세 이전에 형성된 기본 신념들, 이런 것에 대해서도 스스로 비판적으로 사고하고 해체하는 과정이 있어야 한다는 겁니다. '내가 남한테 피해를 주면 안 된다고 왜 생각하게 됐는지', '아이가 오후 9시 이전에 자야 한다는 기준을 어겼을 때 왜 엄마로서 내가 화가 나는지', 왜 그런지 스스로 따져봐야 한다는 거죠. 그렇게 따져보면 사실 많은 기준은 내 생각이 아닌 거죠. 그렇다고 완전히 다 버리라는 게 아니라, 버릴 건 버리고 받아들인 건 받아들이고, 그렇게 소화시키는 과정이 있어야 한다는 겁니다. 그게 가치적 자율성이라는 거죠. 정말 자기한테 중요한 게 뭔지 따지다 보면 어린 시절과 비교했을 때 얼마든지 전복이 일어날 수 있다는 것이고요.

부끄러움이란 것도 역시 마찬가지로 절대 고정돼 있지 않아요. 어릴 때 부끄러움 많이 탔다고 해서 평생 그런 식의 부끄러움이 따라가는 게 아니거든요. 얼마든지 자기 성찰적 부끄러움으로 바뀔 수 있어요. 그게 염치고, 궁극적으로 자기 개선으로 이어지기 때문에 염치가 중요하다는 거죠.

자존감을 지금의 내 자신을 막 사랑하고 애써 긍정적으로 생각하려는 걸로 생각하는 경우가 있는데요. 그건 사상누각이에요. 그런 식의 태도는 오래갈 수가 없어요. 그렇지 않겠어요? 자존감에서 중요한 건, 내가 점점 나아지고 있다는, 내가 향상되고 있다는 자기 성장의 느낌이거든요. 이건 생각이 아니라 경험에서 나오는 겁니다. 그 경험을 이끌어내는 동력이 염치인 것이구요. 부끄러움이 염치로 발달되기 위해서는, 그래서 자기 자신만의 내적 기준, 가치적 자율성이 중요하다는 겁니다.

행복을 느끼는 데 있어서도 가치적 자율성이 아주 중요하다는 말이군요.
그렇죠.

그간 저희가 여러 사람을 만났는데, 그중 한 미용실 사장님이 인상적이었어요. 그 미용실에는 간판이 없고 예약제로만 운영해요. 머리하러 온 손님을 그냥 돌려보내기도 해요. 지금도 괜찮다고 하면서 말이죠. 그 이유를 물었더니 손님과 자신을 속이기 싫다고, 손님과의 관계에 집중하고 싶어 그런다고 해요. 돈 욕심을 내려놨더니 만족도도 높아졌고 행복하다고 하시더라고요. 어떤가요. 자신만의 염치를 소중하게 여기는 사람이 행복을 느낄 가능성도 높다고 볼 수 있나요. 한편으로는 염치를 지킨다는 게 스트레스가 되지 않을까 하는 생각도 드는데요.
행복을 느낄 수 있는 세 가지 요소가 자율성, 향상심, 친밀감이라고 했잖아요? 사람마다 비중은 다를 수 있겠죠. 예를 들어 어떤 사람이 이 세 가지 중 친밀감을 중요하게 여긴다면, 관계적 측면에서 많은 걸 소유한다기보다는 나누려고 하겠죠. 염치도 마찬가지겠죠. 부끄러움은 역기능도 있고 순기능도 있다고 했잖아요? 순기능의 하이라이트를 염치라고 본다면, 염치가 있으면 더 행복해지죠. 왜? 자기 개선이 이뤄지기 때문에. 후회하고 반성하기 때문에 물론 괴로워요. 다른 사람은 아무렇지도 않은 상황에서 혼자 자책하고 스트레스를 느끼죠. 단기적인 시점에서만 보면 그렇죠. 하지만 전체, 긴 과정, 하나의 연속성으로 봤을 때 어떤 사람이 더 행복할 수 있냐는 거죠. 한 인간으로서 내가 점점 더 좋은 사람이 되고 있다는 향상심이 행복의 한 중요 요소잖아요.

염치가 있는 사람은 향상이 이뤄져요. 인간이 행복하기 위해서는 어떤 욕망을 줄이고 만족해야 한다고 많은 사람이 얘기하죠. 안분지족安分知足의 지족이죠. 그게 맞죠. 그게 행복일 수도 있는데, 문제는 그게 되냐는 거죠. 현실적으로 그럴 수 있는 사람은, 그렇게 행복을 느낄 수 있는 사람은 상위 1퍼센트, 아니면 완전히 깨달은 사람이거나, 또는 망상에 빠져 있는 사람이죠. 이런 사람 사실 많지 않아요. 보통의 성인들은 이게 안 되는 거죠. 그냥 만족하고 편하게 살면 되는데 인간은 못 견디는 거죠. 에덴동산에서 뛰쳐나온 거죠. 만족이라는 것도 필요하지만 인간에게는 그래서 불만이란 것도 중요한 거죠. 불만이 있으니 개선이 이뤄지고 사회적인 진보도 이뤄지는 거죠.

인간은 기본적으로 수직적인 존재라고 봐요. 위를 향하는 존재라는 거죠. 타고난 인간의 숙명이라고 생각해요. 뭐, 깨달은 사람들은 지족을 하고 욕망으로부터 자유를 얻지만, 보통의 사람들은 그럴 수 없다고 생각하고요. 그게 욕구든, 욕망이든, 또는 이상이든 끊임없이 자신이 바라는 뭔가가 있어요. 그런데 현실의 나는 거기에 미치지 못하죠. 그 불일치 때문에 고통스럽죠. 바라는 걸 줄여서 만족을 얻으면 된다는 거, 머리로는 받아들일 수 있지만 쉽지 않죠. 그래서 불일치를 대하는 태도가 중요한 거죠. 염치는 기본적으로 그 불일치를 좁혀나가려고 하는 거예요. 내가 바라는 모습에 도달하기 위해 나가는 과정에서 기쁨이나 행복을 느낄 수 있도록 하는 마음이죠. 쾌락은 즉각적이죠. 하지만 기쁨은 시간과 노력이 필요한 것이에요. 염치가 있는 사람들에게는 행복이라는 게 그렇게 즉각적인 쾌락 같은 게 아닙니다.

자신이 원하는 걸 자꾸 돌아보게 만드는 마음이기도 하네요, 염치는.
그렇죠. 결과만이 아니라 그 과정까지도, 뭔가에 도달하는 과정에서 내가 뭔가 잘못한 건 없는지, 다른 사람들에게 피해나 고통을 준 건 아닌지 돌아보는 거죠. 내 목표나 성취만을 위해서 다른 사람들은 어떻게 사는지 살피지도 않고 추진한다? 이건 염치가 아닌 거죠. 좁히는 게 중요한 게 아니라 좁혀나가는 과정에서도 부끄러운 행동을 하지 않았는지를 살펴보는, 헤아리는, 정말 인간만이 갖고 있는 고차원적인 감정인 거죠.

불일치를 대하는 태도

말이 씨가 된다는 말이 있잖아요. 배우 김남길 씨를 만났는데 자기는 꿈을 광고하는 편이라고, 그렇게 좋은 일 떠벌리고 나면 팬들한테 쪽 팔리면 안 된다는 생각에 중간에 그만두기 어렵다고 하더라고요. 백종 원 대표 경우도 여러 차례 언론을 통해 비슷한 이야기를 했어요. 좋은 의도로 포장해서 한 말이었지만 사명감이 느껴지고 거기에 맞추다 보 니 선순환이 됐다고요.

자신이 한 말, 그것도 기준이 되잖아요. 언言과 행行, 말과 삶, 이것도 불일치죠. 그러니까 이 불일치의 고통이라는 게 자기 개선 차원에서는 굉장히 중요한 거죠. 말은 이렇게 했는데, 행동은 다르게 한다는 걸, 다른 사람은 몰라도 나는 아는 거거든요. 남한테 보일 때는 이렇게 행동하지만, 혼자 있을 때 다르게 행동하는 걸 나는 아니까, 그 불일치를 아는 거죠. 그에 대해 모순이나 불편함을 전혀 안 느끼는 사람들은 당연히 개선이 없는 거죠. 염치 있는 사람들은 그 불일치를 계속 좁히려고 노력하는 거죠.

당연하겠지만 이른바 셀럽이라고 불리는 사람들의 염치도 매우 중요하네요. 그들의 말이나 행동이 대중에게 큰 영향을 미칠 수 있으니까요.

중요하죠.

저희가 나름 정리했던 말 중에 '염치는 전염된다'가 있는데요. 어떤 사람의 염치 있는 행위가 다른 사람의 내적 기준에 영향을 미치기도 하고, 또 아버지의 염치 있는 모습이 그 자식에게도 영향을 미치는 모습들을 보면서요. 물론 몰염치도 전염력이 있지만, 그 못지않게 염치 있음도 전염력이 있다.

그럼요. 모든 감정은 다 전염성이 있는 거죠. 인간의 감정은 거의 모든 게 사회적 감정이기도 하니까요. 특히 염치는 인지적 감정이기 때문에 당연히 전염성이 있고, 흔히 말하는 존경이라든가 하는 걸로 나타나기도 하는 거죠.

그러니까 염치는 고차원적인 인지적 감정이기 때문에, 누군가의 깨달음이 또 다른 사람들에게 깨달음을 줄 수도 있는 거네요. 자신은 전혀 부끄러움을 느끼지 못하는 부분에 대해 누군가 부끄러움을 느낀다면, 그걸 통해 깨달을 수 있는 거니까요. 어떤 아파트에서 주민 대표 회의를 통해 경비하시는 분들로 하여금 오가는 주민들에게 인사를 하도록 시켰는데…….

그런 일이 있었나요. 환장하겠네.(함께 웃음)

그 결정이 부끄럽다며 한 학생이 대자보를 붙였고, 거기에 다른 사람들이 공감을 표시하면서 결국은 문제가 된 그 결정이 철회된 일이 있었거든요.

그런 일을 봤을 때도 부끄러움은 공동체에 꼭 필요한 사회적 감정인 거죠.

사회적인 염치는 어떻게 기를 수 있을까요.

인간의 뇌를 가장 단순하게 보면, 생존의 뇌 그리고 인지적 뇌가 있어요. 그런데 트라우마가 생기면 생존의 뇌에 머무르게 돼요. 부끄러움이나 염치, 이런 것보다 불안의 감정이 커지거든요. 트라우마가 있다고 하면 그게 치유돼야 관계의 뇌, 인지의 뇌로 발달할 수 있는 거죠. 뇌라는 게 하나의 네트워크잖아요. 사회도 네트워크이기 때문에 우리 사회 전체를 하나의 거대한 뇌로 봤을 때도 마찬가지죠. 사회적인 트라우마가 있으면 사회적인 뇌도 생존의 수준에 머무를 수 있는 거죠. 일제강점기나 한국전쟁이나, 5.18 민주화운동이나, 세월호 참사나 이런 트라우마가 잘 해결이 안 됐기 때문에, 특히 IMF 이후로는 각자도생의 시대가 됨으로써 더욱더 공동체적인 감정이 발달되지 못한 거죠. 그러니까 사회적 참사 피해자 가족, 자살자 가족, 그런 가족들의 고통을 우리가 좀 더 감싸줄 수 있게 된다면, 사회가 좀 더 성숙해질 겁니다.

몰염치한
사람들이
더 건강하다고?

~~~~~~~~~~~~~~~~~~~~~~~~~~~~~~~~~~~~~~~

전복顚覆. 뒤집는다는 뜻이다. 국어사전을 보면 "차나 배 따위가 뒤집힘" 또는 "사회 체제가 무너지거나 정권 따위를 뒤집어엎음"이라고 나온다. 그런데 다른 한자를 적용하면 또 다른 풀이가 사전에 나온다.

全福(전복).

완전한 행복, 행복을 온전히 누린다는 뜻이다.

몰염치한 사람들이 더 건강할까

궁금했다. 염치 있게 살면 행복도도 온전히 올라갈까.

적어도 우리가 알아본 바로는 그래 보였다. 기부를 많이 하고 함께하는 사람들과 의리를 지키는 가수 아이유는 "나이 들수록 행복해지는 것 같다"고 했다. 배우 김남길은 "염치랑 이익이랑 반비례되는 경우도 있지만, 마음이 편하고 뿌듯하고 기분이 좋아진다"고 했다. 박주영 판사도, 김정호 수의사도, 각각 행복의 기준을 자신에게, "부끄러움을 아는 마음"에 두는 것으로 보였다.

하지만 솔직히 우린 이런 생각도 했었다.

'그렇게 살면 피곤하지 않을까. 스트레스 더 쌓이지 않을까.'

《조선일보》에 실린 한 내과의사의 기고문은 그래서 눈길을 잡아끌었다. 제목은 '몰염치한 사람들이 더 건강해'였다.

"연락처도 없이 불법주차 해놓은 사람 때문에 응급실에 가야 하는 아기 부모가 발을 동동 구르고, 여러 사람이 이용하는 시설에서 아이들의 버릇없는 행동을 놔두고, 응급실에서 중환자를 보는 의료진에게 당장 진료해주지 않는다며 폭력을 휘두르는 것은 모두 역지사지易地思之를 모르는 행동이다. 선조들은 염치의 반대말인 파렴치 혹은 몰염치하다는 말 듣기를 매우 부끄럽게 여겼다. 심지어 일반 범죄자보다 파렴치

범을 더 비난했다. 아이로니컬하게도 의학적으로는 몰염치한 사람들이 더 건강할 수도 있다. 스트레스를 덜 느끼기 때문이다. 몰염치한 인간들은 '신경성 질환'이 거의 없다."

물론 그 의사는 "그렇다고 몰염치한 인간이 될 수는 없는 노릇"이라면서 "각자 염치를 키우면 사회 전체의 스트레스가 줄어 들 테니 말이다"라고 글을 마무리했다. 염치의 사회성을 강조한 결론에 동의하면서도 그의 의학적 소견에 대해 심리학자는 어떻게 생각하는지 직접 듣고 싶어졌다. 《가짜 자존감 권하는 사회》,《트라우마 한국사회》,《대통령 선택의 심리학》 등을 펴낸 김태형 심리연구소 '함께' 소장을 만났다. 그는 단언했다.

"염치 있는 사람일수록 정신적으로 굉장히 건강합니다."

염치 있는 사람일수록 정신적으로 건강

국어사전에 염치는 "부끄러움을 아는 마음"이라고 적혀 있습니다. 심리학적으로 어떤 의미일까요.

부끄러움을 자각하고 그에 따라 표현하거나 절제한다든가 하는 게 아니고, 오히려 그걸 방어하려고 한다거나 회피하려 한다거나 하면 문제가 되기 시작해요. 그게 염치가 있느냐 없느냐의 갈림길 같습니다. 심리학적으로 염치는 부끄러움을 자각하고 그에 따라 행동하는 거예요. 부끄러움을 방어하려고 스스로를 합리화하는 것, 흔한 말로 '자기는 로맨스 남은 불륜', 그게 내로남불이죠. 부끄러움을 느꼈을 때 건강한 방식으로 표현하지 못하는 겁니다.

사람에 따라 부끄러움에 대한 자각 자체를 잘 못할 수도 있지 않을까요.
물론 그렇죠. 내가 우울하다고 느끼는 사람이 있고, 우울하다는 감정을 적극 부정하는 사람이 있어요. 그럼 사람들 앞에서 우울하지 않으려고 과잉행동이나 이상행동을 보일 수 있죠. 이럴 경우는 우울함에 대한 자각이 잘 안 된다고 볼 수 있습니다. 부끄러움도 마찬가지죠. 다만 부끄러움의 경우는 자각의 높낮이는 있을 수 있는데 자각 자체가 없는 사람은 드물어요. 보편적인 사회성이라는 게 있으니까요.

염치라는 마음에 대해 누구는 예민할 수 있고 또 그렇지 않을 수도 있을 것 같은데요. 감도라고 할까요. 선천적인 편차에 대해서는 어떻게 생각하시는지요.
후천적인 영향이 더 크다고 봐요. 자신만의 기준에 따라 양심을 자발적으로 발전시키는 사람이 있는가 하면, 그렇지 않고 사랑을 상실할지 모른다는 두려움 때문에 도덕적 규범을 받아들인 경우가 있어요. 정말, 양심에 근거해서 부끄러움을 느끼는 게 아니고, 어떤 비난이나 처벌을 받을까 봐 무서워서. 이런 경우의 양심은 외부에서 주입된 거죠. 권위주의적인 환경에서 성장하면 스스로만의 양심을 만들기 어려워요. 방어적인 행동도 그래서 나오게 돼요. 아예 '그런 적 없다'고 뻔뻔하게 잡아떼거나, 내로남불이죠. 또는 '그럼 너는 깨끗하냐'는 식으로 상대를 공격하기도 해요. 적반하장이죠. 모두, 그 순간을 회피하고 싶은 겁니다.

저는 감도가 예민하다는 것보다는 정신이 건강하다고 표현하고 싶어요. 어떤 비판이나 비난을 받아들일 수 있다는 자체가 그만큼 건강하다는 거니까요. 심리학적으로 마음이 건강한 사람들은 그래요. 잘못을 수용합니다. 무너지지 않을 거니까. 정반대의 경우는 비판이나 지적을 수용하면 자기 존재가 사라진다고 봐요. 버림받을지도 모른다는 공포를 느끼기도 하죠.

염치 있는 사람일수록 정신적으로 건강하다는?

그렇죠. 굉장히 건강한 거죠. 자신의 감정을 무서워하지 않으니까. 내면에서 올라온 감정을 받아들이고 거기에 맞게 행동하는 사람이니까. 자신을 부정하는 사람이 아니잖아요. 개인적으로도 행복할 가능성이 높아요. 사람들 앞에서 잘 보여야 한다거나 실수해서는 안 된다는 강박 같은 것이 없을 테니까요.

그래도 염치 있게 살면 피곤하지 않을까요. 스트레스가 높을 것도 같은데.

자발적으로 그렇게 사느냐 아니냐의 차이입니다. 자발적이면 스트레스 안 받는데, 떠밀려서 하면 스트레스받죠. 사과를 하는 것과 마찬가지입니다. '사과를 하면 저 사람이 나를 낮춰 보지 않을까? 지는 거 아냐?' 이런 걱정 계속하면 사과 못 합니다. 사과를 해도, 사과문도 길어지고, 형용사도 많이 붙고.

염치 있는 사람은 그럼 사과도 잘하겠네요.

잘하죠. 건강할수록 자연스럽게 나오죠.

후천적인 영향이 더 크다고 하셨는데, 가정이 중요하겠네요.

1차적으로는 가정이 중요하죠. 가정에서 건강하게 존중받으면서 자기 행동에 책임지는 삶을 살도록 자랐을 때, 염치 있는 행동을 할 수 있게 되는 거죠.

그다음, 김 소장 입에서는 이런 말이 나왔다.
"그런데 다 부모 탓이냐는 겁니다."

이런 나라

김 소장은 "부모들이 왜 그렇게 키우느냐를 생각해야 한다. 사회에 문제가 있으면 그게 집으로 투영된다"면서 이렇게 말을 이어갔다.

"한국 부모들은 일단 돈에 압도돼서 삽니다. 돈 없으면 생존이 불가능하다, 또는 돈 없으면 존중 못 받는다, 사람 대접 받을 수 없다, 이런 걸 자기 자식이 겪게 하기 싫은 거잖아요. 그러니까 공부하기 싫어하는 아이들에게 설득보다는 '공부 안 하면 거지 된다'는 식의 강압적 방식을 택하기 쉬워요. 그럼 아이들은 처벌이나 비난에 대한 두려움이 생기죠. 염치를 가진 아이로 자라기 쉽지 않다는 겁니다."

그렇다면 '윗분들'의 몰염치도 개인, 가정에 영향을 주겠네요.
한마디로 나 혼자 병신 짓 했네 이렇게 됩니다. 내가 왜 그동안 착하게 살려고 했을까, 이런 생각을 유포시킬 가능성이 있죠. 지도자가 자신의 문제를 반성하고 돌아보고 이야기할 줄 알면 따르는 사람도 배웁니다. 반대로 지도자가 자신의 문제는 싹 덮고 남을 무차별적으로 공격하면 따르는 사람도 비슷해져요. 내로남불을 일반화시키는 거죠. 역시 염치의 사회적 감도를 떨어뜨릴 수 있어요. 오히려 염치없게 살자고 부추기는 경우가 되는 거죠. 부모가 착하게 살아야 한다고 백날 해봐야 나쁘게 살면 소용없잖아요. 마찬가지로 어떤 정치인의 행동, 전반적인 삶, 태도, 자세 이런 것들이 대중에게 학습 효과를 줘요. 부정적인 경우는 사회에 미치는 영향이 치명적이죠.

염치에 대한 사회적 감도가 높으면 개인, 사회적 관계의 건강성을 높일 수 있을 거 같은데요.

그래서 국가의 책임이 중요합니다. 염치를 지키고 살수록 손해 본다? 그럼 손해 안 보게 해주는 게 관건입니다. 돈의 노예로 살고 있으니까, 그로부터 해방시켜주는 게 중요하죠. '돈이 없으면 생존 불가다, 무시당한다', 이 불안에서 풀어줘야 해요. 양심적으로 살아도 되는구나, 보여줘야 합니다. 그런 방향으로 개혁돼야 염치 문화도 생기지 않을까요.

그런데 지금 한국 사회는 '개인의 생존은 개인이 책임진다', 그런 곳이잖아요. 기본 소득제 해야 합니다. 국가와 공동체가 개인 생존을 책임져주면 사람들의 삶의 방식, 태도, 가치관이 많이 변하게 됩니다. 약육강식, 이전투구가 사라지죠. 개인에게 생존을 떠넘겨서는 지속가능성이 없습니다. 사람이 정신적으로 병들면 나라가 지속될 수 있을까요? 대표적인 게 출산율이에요. 아무리 돈을 쏟아부어도 이 나라에서 애를 낳고 싶지 않다는 겁니다. 아, 내가 애를 낳아도 안전하구나 생각할 수 있게 해야죠. 그러려면 서로가 적이 아니라는 걸 알게 해야 해요. 상대를 도구화하지 않고, 인간으로서 존중하려면 한국 사회의 병을 치료해야 합니다.

기본 소득제처럼 모두에게 적용되는 정책을 고안해야 합니다. 기본 소득제는 상대를 협력의 대상이나 공존의 대상으로 여길 수 있도록 할 수 있는 제도입니다. 매월 내 통장에 국가에서 준 100만 원이 들어온다 쳐요. 그 돈, 세금이잖아요. 그럼 이렇게 생각할 수 있겠죠. 나한테 100만 원 주는 사람이구나, 내 이웃. 비극적 관계 해결에 국가가 나서야 합니다. 최소한의 생존을 국가와 공동체가 책임져야 염치 있는 행동이 나오지 않을까요. 돈 없으면 염치없어지는 건, 어쩔 수 없잖아요.

全福(전복).

행복을 온전히 누린다는 뜻이다. 그럴 수 있는 '겨를'을 만드는 것은 개인만의 몫이 아니다. '완전한 행복'은 국가의 책임이다.

어떤 독자의 댓글이 다시 떠올랐다.

"미쳐 돌아가는 세상."

"이런 세상에서 무슨 염치……."

하지만 김 소장은 분명히 말했다. 이런 나라니까 더욱 염치 있게 사는 게 낫다고.

"이런 나라에서나마 개개인이 버티기엔 염치 있게 사는 게 낫습니다. 정신 건강을 파괴하는 주범은 죄의식이나 죄책감, 그리고 그로 인한 스트레스거든요. 염치없는 짓을 하면 자꾸 스트레스가 쌓이고 그게 누적돼서 임계치를 넘어서면 정신 붕괴로 이어지게 됩니다. 반대로 염치 있게 살면 그게 안 쌓이기 때문에 정신적으로 건강해져요."

시시한
삶으로의
전복

새벽 5시, 한겨울 동도 트지 않은 날이었다. 광부 34명은 탄광 한가운데 있었다. 탄을 캐고 있었다.

입구에서 1킬로미터가량 떨어진 곳, 석회암으로 된 갱벽이 무너졌다. 큰 물줄기가 터졌다. 석탄과 흙과 물이 한데 뒤섞여 입구를 막았다. 불행이 불현듯 왔다.

현장 인근에서 한 명이 시체로 발견됐다. 시간이 촉박했다. 입구가 막혀 공기가 통하지 않을 게 뻔했다. 아직 갱 속에는 네 명이 갇혀 있었다.

사고 발생 50시간 뒤. 이들이 갇혀 있을 거라 믿었던 곳을 뚫었다. "사람이 있냐"고 고함쳤다. 대답은 없었다. 차디찬 지하수만 뿜어져 나왔다. 사고 현장에서 밤새 구조를 기다리던 가족들은 "이미 죽은 것을 감추는 게 아니냐"며 울부짖었다.

사고 발생 사흘 후, 매몰 광부 네 명이 발견됐다. 모두 숨진 채였다. 차오르는 물속에서 살아남으려 애쓴 듯, 철판을 깔고 갱목을 모아 '우물 정#' 자 형으로 쌓아 올린 흔적이 남아 있었다. 1970년 12월 14일의 일이다. 사건이 발생한 곳은 강원도 삼척군 도계읍 흥국탄광. 탄광 대표 이름은 채기엽, 오늘날 '진짜 어른'으로 불리는 채현국의 아버지다.

아버지와 아들

2014년 "노인들이 저 모양이란 걸 잘 봐두라"는 인터뷰로 세상에 알려진, 그 채현국이다. 당시 인터뷰에서 그는 "아무리 젊어서 날렸어도 늙고 정신력 약해지면 심심한 노인네에 지나지 않아 갈등을 먹고 사는 사람들에게 이용당하기 쉽다"면서 "젊은 세대들은 노인 세대라고 봐주지 마라. 까딱하면 모두 그런 꼴 되니 봐주면 안 된다"고 말했다.

스스로도 봐주지 않았다. "사람들이 많이 다치고 죽었다"면서 40여 년 전 그 탄광 사고가 "나의 책임"이라고 했다. 그것도 여러 번 강조했다.

"모든 사고는 아버지를 대신해 사실상 경영을 맡고 있던 나의 책임이었다. 그렇게 많은 사람이 상하는 일로 돈을 벌었으니…… 나는 칭찬받아서는 안 되는 사람이다."

흥국탄광 갱벽이 무너졌던 1970년 그해에만 탄광사고로 전국에서 132명의 목숨이 사그라졌다. 언제 어떻게 사고가 날지 몰랐다. 광부들은 목숨을 내놓고 탄광에 뛰어들어야 했다. 그 목숨값을 자본 삼아 돈을 버는 사업주들이 많았다. 흥국탄광도 승승장구했다. 한때 채현국은 개인소득세 납부 전국 2위까지 올랐다. 탄광업이 궤도에 오른 1965년부터 1973년까지 그는 큰 부자가 됐다. "한 달 순이익이 100만 달러가 넘는 달이 많을" 정도였다.

그러다 돌연, 사업을 접었다. 1973년, "돈을 더 벌려면 박정희하고 동업을 해야 할 판"이라는 게 이유였다. 1972년 10월, 박정희 전 대통령이 유신헌법을 통과시키자 내린 결론이었다. 탄광뿐 아니라 벌려놨던 조선소, 화학 회사, 해운 회사도 모두 정리했다. 매각 대금은 탄광사고 피해자에게, 광부들에게 나눠줬다. 광부들이 10년 더 일한다 치고 퇴직금을 앞당겨 나눠줬다. 탄광이 세 군데, 일하는 사람만 2,000여 명에 달했다. 정작 본인 몫은 없었다. 이를 두고 그는 "내 마음 편하자고 한 것일 뿐, 나눠준 게 아니라 주인에게 돌려준 것"이라고 했다.

전국 소득세 납부액 2위에서 빈털터리로… 그의 부끄러움

그는 부자 되는 게 "부끄러웠다". "철학과 나온 놈이 돈 잘 번다는 게 자랑일 건 없다"고도 했다. 그런데도 '돈 버는 재미'에 미쳐 있는 스스로가 보였다. 돈 버는 건 이미 신앙이 됐다.

"나 역시 미쳐가네, 별수 없구나 했죠. 살려고 도망간 겁니다. 나눠주는 건 한꺼번에 할 수밖에 없어요. 쾌도난마예요. 그냥 확 잘라야지 우물우물할 수가 없어. 계속 끌려 들어가요, 합리화로."

스스로를 속일까 그는 겁이 났다. 단박에 사업을 정리했다. 그는 "어마어마한 돈을 갖고 있으면 심지어 가족들도 아첨을 해, 관계가 전부 망가지는 거야. 결국 내가 행복해지려고 도망친 것"이라고 했다.

울고 싶은 아이 뺨 때려준 격으로, 유신이 그를 자유롭게 했다. 박정희 전 대통령의 장기 집권 욕심이 채현국에게는 돈 욕심에서 놓여날 수 있는 계기가 됐던 셈이다. 그래서 세어볼 수도 없는 돈을 다 나누어줬다. 결심 후 곧장 '행동'에 옮겼다. 그게 결국 '스스로를 위한 일'이었다고 한다. "나 좋자고 한 일"이라는 게 그의 주석이다.

그는 "도와준 적 없다"지만, 그의 도움을 거쳐 간 이가 숱하다. 흥국탄광은 민주화운동 인사들의 아지트였다. 시국사건에 연루돼 쫓긴 자들 상당수가 흥국탄광에 숨어들었다. 채현국은 그들을 기꺼이 숨겨줬다. 최전선에서 돌을 들진 않았으니 그거라도 해야 했다.

"나는 한번도 시위나 집회에 나간 적이 없고 다른 사람들처럼 대의를 위해 나를 희생하며 감옥에 가거나 하지도 않았다. 그저 내가 못 하는 일을 하는 사람들에게 마음의 짐을 갖고 있었고 내 선에서 할 수 있는 일들로 그들을 조금이나마 도왔을 뿐이다."

그저 조금이 아니었다. 정치인 이부영은 "1970년대에 매달 민주통일민중운동연합에 흥국탄광 박윤배 소장 등이 활동 자금 300~500만 원을 대줬다"고 증언하고 있다. 그 돈은 채 선생에게서 나온 것이다. 당시 《창작과 비평》은 운영비가 모자랄 때마다 채 선생에게 손을 벌렸다. 셋방살이 하는 해직 기자들은 그에게서 '턱턱' 집을 받았다. 알음알음 용돈 받아간 이는 셀 수 없다.

'바리게이트' 너머의 사람이었지만, 민주화운동의 뒷배를 자처했다. 이 역시 위험을 감수한, 상당한 용기가 필요한 행동임은 자명하다. 떼부자가 됐고, 그 돈을 뜻있는 곳에 썼고, 모두 나눠줬다. 채현국 선생은 그래서 '파격의 인간'이라 불린다. 그럼에도 그는 "난 도운 적 없다"고 손사래 친다. "내 몫의 일을 했을 뿐 남을 위해 했다고 하면 위선이 된다, 그게 내가 썩는 길"이라고 했다. "내가 부끄러워서, 내가 살려고, 내 몫의 일이라서" 했다는 게다. 사람 상하는 일로 돈을 벌어서 부끄러웠고, 그 돈에 미쳐 있는 자신이 부끄러웠으며, 민주화운동의 전면에 나서지 못하는 자신이 부끄러웠다. 그 부끄러움을 그는 자신의 것을 내려놓는 행동으로 메웠다.

이제 그는 빈털터리라고 했다.

아버지는 내게 짐 같은 존재였다

'파격의 인간', 그 삶 뒤편에는 아버지가 있었다.

"내 생애에서 아버지는 짐 같은 존재였다. 그렇다고 아버지를 제외하고 내 삶을 이야기하는 것은 불가능하다. 어떤 의미로든 아버지는 나의 삶에 큰 영향을 미쳤다."

그의 아버지 이름은 채기엽이다. 대구경찰서 폭파 미수사건에 연루됐던 채기엽은 1938년, 일제와 싸우겠다고 무작정 중국으로 건너간다. 상해에서 독립운동을 하고 있던 이상정(대한민국임시정부 임시의정원 의원)을 만나러 갔다고 한다. 이상정은 〈빼앗긴 들에도 봄은 오는가〉를 쓴 일제강점기 시인 이상화의 형으로 채기엽은 그 집안 제자였다. 하지만 그 정도 인연으로 이상정을 만나기는 어려웠다. 오히려 일본 밀정으로 오해받기 쉬운 상황이었다.

이상정과의 만남이 불발되자 채기엽은 삶의 방향을 바꾼다. '돈 버는 일'에 눈뜬 것이다. 북경에서 트럭을 마련, 생필품 상인으로 돈을 만졌다. 이후 채기엽은 상해에 방직 공장을 운영한다. 그렇게 번 돈으로 독립투사 후원을 시작했다. 이상정의 부인이자 전투기 조종사로 이름을 날린 여성독립운동가 권기옥의 집을 마련해준 것도 채기엽이었다.

태평양전쟁이 끝나자 갈 곳 없던 학병, 조선의 청년들을 거둬 먹였고, 그 수가 수백 명에 달했다고 한다. 그 학병 가운데 한 명이었던 소설가 이병주는 "상해에서 채기엽 씨에게 신세를 진 한국인은 백 수십 인이 넘지 않을까 한다. 채기엽 씨는 '은혜가 뭐냐. 다들 건강하게 일 잘하고 있으면 만족한다'고 말씀하시지만 부끄럽기 한이 없다"고 했다.

채현국 선생의 삶은 '짐 같은' 아버지의 삶을 빼다 박았다. 채현국은 "아버님도 일제강점기 왜곡된 시대에 살았기 때문에 성공 자체를 자랑스럽게 생각하지 않으셨다. 부끄러운 시절에 잘산 것이 자랑일 수 없다는 걸 잘 아는 사람"이라고 했다.

아버지 채기엽은 채현국에 "담은 크게 가져라, 간은 작아야 한다"는 말을 자주했다고 한다. "간 큰 새끼는 살아남고 담 큰 새끼는 다 뒤졌다"고도 했다.

이를 두고 채현국은 "힘들고 참으로 하기 어려워도 해야 할 일 하는 놈은 담 큰 놈이고, 간 큰 새끼는 잘난 척하고 아무거나 하는 놈"이라고 해석했다. 담 큰 놈의 삶은 결국 '이타적'이다. 꽃길 대신 자갈밭을 구르는 삶이기도 하다. 그리고 채 선생은, 그리 살았다.

"빚진 것도 아닌데 왜 그놈의 사명감 때문에 살아온 게 그 모양인지…… 솔직히 순박한 마음에 한 게 아니라 '배운 놈으로 학교도 많이 다니고 했으니 해야지' 이 따위 마음이 드는 거요, 인간이. 잘 먹고 잘 살면 고맙다 생각하면 될 건데, 잘 먹고 잘 사는 새끼가 이럴 수는 없지 싶은 게…… 큰소리 친 죄라도 해야지 이런 마음이 자꾸 드니까."

입 밖으로 내지 않은, 마음속 깊은 욕심 같아서는 간 큰 삶을 살아내고 싶었는지 모른다. 그러나 그의 염치는, 양심은 그를 반대 방향으로 이끌었다. 그걸 선생은 '사명감'이라 표현했다. 그러다 보니 뱉어놓은 말은 고스란히 빚으로 남았다. '큰소리 친 죄'를 평생 갚고 있다. 양심의 끌어당김은 어릴 때부터 이어져왔다고 했다. "담은 크게 가지라"는 아버지 말의 영향이 아니었을까.

"이상하게 어릴 때부터 그런 마음이 자꾸 들어가지고, 결국 육십 한 서너 살까지는 이제 늙었는데 그만해야지 하면서도…… 돈도 없는데 돈 다 주고 아주 죽을 고생했습니다."

욕심과 양심의 줄다리기에서 욕심은 완패했다.

'수지맞은 삶' 타타타

그런데도 자신의 삶을 채현국은 "수지맞았다"고 표현한다.

"비틀거리며 어떤 술 취한 놈보다 더 딱한 짓을 하면서 살아왔는데…… 얼라(아이) 때 사탕 하나 남한테 못 주던 애예요. 아까워서 나만 먹었지. 그랬던 놈이 세상을 살면서 요만큼이라도 되었으니 나만 수지맞은 거지."

나밖에 모르던 자신이 이제는 그렇진 않으니 수지맞았다는 게다. 문득, 김국한의 노래 〈타타타〉가 맴돈다. "산다는 건 좋은 거지 수지맞는 장사잖소 / 알몸으로 태어나서 옷 한 벌은 건졌잖소" 하는 노래 소절이 그와 닮았다. 그에게 옷 한 벌은 결국 '담 큰 놈'으로 살아내게 한 염치가 아니었을까.

채현국은 그래서 "시시하게 살라"고 말한다. 그러면 행복하다고 했다. 부득부득 열심히 살지도 말라고 한다. 그렇다고 땡까땡까 놀라는 말은 아니다.

"공부 잘할란다, 엄마한테 잘할란다, 그건 잘한다는 말을 듣고 싶은 마음이죠. 그냥 하면 되는 건데. 잘하려는 마음속에는 남을 이기려는, 짓밟으려는 마음이 있습니다. 그러니 잘하려고 하지 마세요. 남의 삶도 존중합시다. 열심히도 마찬가지입니다. 신나게 하면 되는 거지, 아무리 해도 끝도 없는 게 열심입니다. 그냥 신나면 됩니다. 남을 도왔다 하지 마세요. 남을 위해 기백을 갖고 남을 위한 염치없는 놈이 되세요. 지 잘났다는 건 기백이 아닙니다. 함께할 때 기백이 됩니다. 자기만 위한 삶은 의미도 재미도 없습니다. 시시한 삶이 가장 행복한 삶입니다."

별안간 염치없는 놈이 되라고 한다. 전제는 '남을 위해서일 때'다. 남을 위해서는 기꺼이 부끄러움을 감수하라는 뜻이다. 함께 살려면, 약육강식이어서는 안 된다. 남을 내 발아래 두려 하지 말고 옆에 두어야 한다. 짓밟고 이겨 먹으려는 게 아니라 상대를 상대 그 자체로 존중해야 한다.

그가 보기엔, 요즘 사람들이 불행한 것도 같은 맥락이다. "학교에서 성공하려면 계획을 세우고 경쟁에서 이기라"고 가르치기 때문이다. 그래서 "높은 학교까지 다닐수록 염치없어"진다. "함께 사는 걸 가르치는 게 아니라 경쟁부터 시키니까" 그렇다.

언젠가부터 학교는 염치를 가르치기는커녕 '욕심 양성소'가 됐다. 더불어 살라 가르치는 것 같지만, 그렇게 살다가는 영영 낙오자가 될 것 같다는 불안감만 커진다. 뒤처지다 보면 패배자의 삶을 살 것 같은 강박이 커지는 곳이 오히려 학교다. 그렇게 길들여진 아이들은, 그렇게 자라난 어른들은 행복한 선택을 하기 어렵다.

"시시한 게 삶인데, 그냥 행복하면 되는데, 못 깨달은 게 아니라 잘못 배운 거예요. 그래서 행복한 것도 못 느껴. 이런 망할 일이 있나. 시시하게 부지런하면 행복해질 수 있어요. 단순하고 소박하게 행동하면 됩니다."

단순하고 소박하게 선택한다. 그런 선택은 행복의 기준이 다름 아닌 '나'에게 있다는 걸 전제로 해야 할 것이다. '파격의 인간'이 자신의 인생을 두고, 나이 여든여섯에 "수지맞았다"고 돌아보는 걸 곱씹게 되는 것도 그래서다.

일정한 방식을 깨뜨리는 파격, 그것은 곧 전복이기도 하다.

더 게으른
삶을
위하여

〜〜〜〜〜〜〜〜〜〜〜〜〜〜〜〜〜〜〜〜〜〜〜〜〜〜〜〜〜〜〜〜〜〜〜

눈곱도 못 뗀 아이 이마에 뽀뽀를 남기고 출근할 때도 그 차림이었다.

다섯 살 난 딸은 흰색 바탕에 딸기가 총총 그려 있는 내의를 입고 있었다. 그때가 오전 8시였으니 꼬박 열두 시간이 흘렀다. 그동안 아이는 한번도 바깥에 나가지 않았다고 했다. 코로나19로 유치원에 하루도 못 간 아이는 유튜브 영상에 노출되는 시간이 부쩍 늘었다. '시어머니와 함께 즐겁게 놀았겠지', 싶으면서도 한편으로는 조급함이 동한다. 퇴근하고 옷을 막 갈아입자마자 유튜브를 보겠다는 아이 관심부터 돌리기 급급하다. 딸아이 옆에 엉덩이를 딱 붙이고 앉았다.

"어머, 이거 정말 재미있겠다. 우리 '○○영어' 한 번만 해볼까? 이거 게임하는 거 같네. 와, 그렇지, 그렇지. 응, 그렇게 같은 카드 맞추고…… 우리 딸 진짜 잘한다. 그뤠이트Great!!"

12년 전 놓아버린 영어를 부여잡고 한껏 혀를 굴려본다. 이럴 때만큼은 리액션 부자다. 아이가 흥미를 잃지 않게 사기를 끌어올리느라 용을 쓴다.

갑자기 영어에 열을 올린 건, 며칠 전 만난 지인 덕이다. 역시 다섯 살 아이를 둔 그는 얼마 전 수백만 원을 들여 '잉글리시○○'를 결제했다. 그래도 선생님과 공부하는 시간만 되면 아이가 꿀 먹은 양 입을 잘 열지 않는다고 했다. 그러면서 물었다.

"○○이는 영어 안 시켜?"

그때만 해도 호기롭게 말했다.

"지금은 아닌 거 같아. 조기교육 시킬 거였으면 아예 학습 유치원 보냈을 거야. 방과 후 과정에 수학, 영어 다 들어 있고 수업마다 돈 내야 하고, 비싸고, 그런 곳. 애들 가르치려면 차라리 유치원 친구들하고 같이 수업 듣는 게 효율적이지 않겠어? 나중이면 몰라도, 굳이. 뭐 그런 생각이야."

그런데 그때 나도 모르게 '씨앗'이 심겼나 보다. 내 아이가 뒤처질까 싶은, 그 만성적인 불안이. 고작 5개월 전, 인성교육을 한다는 유치원을 찾아 접수창이 열리자마자 1번으로 지원했더랬다. 경쟁률이 너무 세면 자칫 떨어질 수 있다는 불안감에 원아 모집 더 많이 하는 곳을 '1순위로 돌렸어야 하나' 한숨도 쉬었더랬다. 유치원 발표 날, 마음 졸이며 당첨 소식을 고대하다 세상 다 얻은 마냥 환호했더랬다.

누구는 몇 백만 원 짜리 영어 교육을 받는다는데…… 게다가 공교육 우산 밖에 있는 상태에서 두 달여를 너무 넋 놓고 지나는 것 아닌가 하는 자책감이 스멀스멀 싹을 틔웠다. '고작 40개월 남짓 산 애한테, 영어는 무슨'이라고 했던 그때와는 사뭇 동떨어진 마음이었다.

그러다 문득, '할머니가 돼라'는 은유 작가의 조언이 떠올랐다.

내 딸과 한 발짝 거리 두기

그와 '염치'를 주제로 마주 앉아 이야기를 나눈 적이 있다. 은유 작가의 책《알지 못하는 아이의 죽음》을 읽고 '그래, 남을 밟고 올라서는 게 뭐가 중요해, 아이가 행복하면 됐지' 싶다가도 욕심이 솟아난다고 토로했다. 다섯 살 된 내 아이가 한글에 관심을 가졌으면 좋겠고, 숫자도 100까지 술술 읽었으면 한다고 했다. 은유 작가는 먼저 '불안'을 말했다.

"육아의 가장 큰 적은 불안이에요. 아이랑 너무 밀착돼 있으면 불안해지기 마련이에요. 내 아이가 뭘 어떻게 하는지 빤히 보이니까. 일단 엄마가 바빠지는 게 좋아요. 아이랑 좀 떨어지는 거죠. 또 멀리 보면 돼요. 장기적으로 보면 숫자든 한글이든 다 하게 되거든요. 아이의 존재 자체를 예뻐하면서, 할머니처럼 그렇게."

보통 할머니들의 손주 사랑은 자식 때와는 또 다르다고 한다. 잘 길러야 한다는 중압감과 한 생명을 좌우한다는 책임감에서 상대적으로 가벼워진다. 부담에서 벗어나니 마냥 예쁠 수밖에 없다. 탯줄로 얽힌 존재로서가 아니라, 그저 그 존재 자체를 사랑해주면 된다. 그러니 자식에 내 삶을 투영할 필요도, 자식이 내 삶의 트로피가 될 일도 없다. '할머니가 돼라'는 결국 한 발짝 떨어지기, 거리 두기다.

건강한 거리 두기는 주변인과의 관계에서도 중요하다. 은유 작가는 자신의 경우에는 "좋은 사람들이 주변에 있었다"면서 "그렇게 관계가 구축되다 보니까 나도 그렇게 비슷하게 따라 살게 되는 것 같다"고 했다. 그러면서 그는 "부동산 투자하는 친구들만 있으면 나도 해야 할 거처럼 불안해지지 않냐"고 했다. "욕심도 잘 옮겨붙기 때문에 주변에 누가 있느냐는 중요하다"고도 했다. 쉬이 흔들리는 것이 인간임을 자각하라는 이야기였다.

그래, 맞다. 내 딸의 삶을 그 자체로 존중하자. 그저 사랑하

자. 번번이 시험에 들지만, 다시 마음을 다잡으면 된다. 나의 욕심과는 거리를 두자. 나만의 교육철학이 있는 척해놓고 집에 돌아와 영어 학습 애플리케이션을 깐 내가 부끄럽다.

그러니까, "잉글리시○○를 결재한 지인아. 당분간 거리를 두자. 미안해".

부끄러움을 안다는 건, 이기적인 생각에서 벗어나는 것

은유 작가도 비슷한 부끄러움과 대면한 적이 있다고 한다.

"과열 경쟁을 조장하는 사교육에 반대한다면서도 아이는 수학 학원에 집어넣고, 《전쟁은 여자의 얼굴을 하지 않았다》 같은 책을 읽으면서도 아이는 군대에 가라고 한다. 어쩔 수 없다고 생각하면서도 어쩔 수 없이 부끄럽다."

그는 일상에서 자신이 느낀 부끄러움을 여러 차례 솔직하게 고백해왔다.

"강연에서 청소년을 만나며 편견이 깨졌노라 고백하다 '청소년들 정말 대단하다'고 했다는 걸 지적받고 알았다. 한 청소년이 말했다. '만약 작가님께 여자가 이런 글도 쓰고 대단하다고 말하면 기분이 어떨 거 같냐'고. 나는 다른 섬세한 표현을 찾아보겠다며 사과했다."

일상에서 자신의 부끄러움을 잡아내는 사람과, 그 부끄러움에 대해 이야기해보고 싶었다. 그러면 염치에 대해 그만의 언어로 일러줄 거 같았다. 실제로 염치에 대한 은유 작가의 해석은 '나의 범위'라는 철학적 질문에서 출발했다. 은유 작가는 "부끄러움을 안다는 것은 자기중심적 생각에서 벗어나는 것"이라고 했다.

"나의 범위를 어떻게 볼 것이냐의 문제예요. 극도의 이기심으로 가면 '고립'이잖아요. 과연 행복할까요? 인간은 사회적 동물이고 관계망에서 살아갈 수밖에 없어요. 누구의 엄마이면서 누구의 친구고 누구의 동료인 내가 있죠. 나라는 범위를 확장해보면 1인분만 생각할 것을 2인분, 3인분 생각하게 되겠죠. 그러다 보면 한두 번이라도 마주친 사람에게 상처 덜 주고 싶다는 생각을 할 수 있지 않을까요?"

나의 범위를 사회적으로 확장시킬 필요가 있다는 말이다. 결국 오롯한 나는 존재하기 어렵다. 관계 속의 나를 자각하면 부끄러운 짓을 자제하게 된다. 염치없는 짓은 결국 관계 안에서 살 수밖에 없는 나에게 독이 돼 돌아올 수 있다. 그렇기에, '나'의 범위를 확장하다 보면 "타인도 나만큼 존중받아야 할 사람이라는 생각"에 이르게 된다고 했다.

그래서 은유 작가에게 '염치'는 "마음을 다스리는 것"이라고 했다. "내가 내 마음을 다스릴 수 있는 게 염치고 그게 어른이다, 나이 들어가는 사람의 자세"라고 했다. 함께 살아가는 사람들 관계에서 내 욕심만 내세울 수는 없을 터다. 그래서 염치는 '욕심을 다스린다'는 말로도 읽혔다.

"네, 그렇죠. 마음을 다스리려면 부끄러움을 느낄 줄 알아야죠. 제가 중요하게 생각하는 건 '혼자 살 수 없고 누군가의 도움으로 여기까지 왔다'는 사실이에요. 부모님, 지인들, 제 인터뷰에 응해준 사람들 모두 도움을 준 거죠. 그래서 자기가 받은 건 내놓고 가야 한다고 생각해요. 내가 이만큼 받았으면 내놓고 가는 게 염치 있는 거죠. 제가 71년생이라 올해 50이 거든요. 앞으로는 이걸 돌려주며 살아야겠다, 의식적으로 많이 생각해요. 후원 단체 늘리는 것도 하나의 방법이고, 글쓰기 수업을 하며 경험을 나누는 것도 크다고 봐요. 받은 게 뭐냐를 생각하면 돌려줄 것도 보이는 거 같아요."

'나 혼자 잘나서' 여기까지 온 게 아니라는 것, 수많은 사람의 도움으로 이 자리에 섰으니 '나만을 위하려는' 욕심을 내려놓는 것, 더 나아가 내가 받은 걸 어떻게 돌려줄지 고민하는 것. 은유 작가의 화두라고 했다.

자각

은유 작가와 이야기 나누고 싶었던 건, 지난해 그가 내놓은 《알지 못하는 아이의 죽음》이라는 책도 크게 작용했다. 현장

실습생 아이의 죽음에 대해 다룬 그 책이 '누군가의 염치없음은 누군가를 죽이기도 한다'로 읽혔다.

책은 프로그래머가 되고 싶었던 김동준 군의 이야기로 시작된다. '날으는 돈가스'로 불리던 아이는 꿈을 이루기 위해 마이스터고에 진학했다. 고3이 됐고, 햄, 소시지를 만드는 대기업의 육가공 공장에 취업해 일했다. 마이스터고를 나와서는 전공에 맞는 회사를 갈 수 없다는 걸 신입사원 연수를 다녀와서야 알았다. 동료 어른들은 그 아이가 사내폭력과 12시간이 넘는 장시간 노동에 힘들어하고 있음에 무관심했다.

2013년 가을에 입사한 동준이는 2014년의 봄을 보지 못했다. "너무 두렵다"던 아이는 스스로 목숨을 끊었다. 그리고 회사 측 어른들은 아이의 죽음을 '돈'으로 해결하고 무마하려 했다. 끝끝내 부끄러움을 몰랐다. 그 사실에 분노했던 김동준 군의 엄마는 불현듯, 그 무관심했던 '어른'에 자신도 포함돼 있음을 깨달았다고 한다. 동준 군 엄마 강석경 씨는 말한다.

"억울하고 분해요. 내가 왜? 내 애가 왜? 세상에 대한 분노가 치솟다가 내 죄다 하게 돼요. 어느 날 기도하는데 '네가 죄인이다, 선을 행할 수 있는데 행하지 않은 게 죄인이다' 이걸 깨닫고 엄청 울었어요. 나부터, 나부터요. 내가 남보다 나아야 하고 내 발밑에 잘근잘근 밟아주고 싶어 하잖아요. 어떻게 바꾸지? 어떻게?"

은유 작가는 "강석경 씨는 잔인한 세상에 자신도 어른으로서 책임이 있음을 자각하고 신음 소리라도 내길 원했다, '내 자식만을 위해서는 내 자식을 위할 수 없다'는 걸 깨달았다. 유가족들이 계속 싸울 수 있는 것은 스스로가 가해자임을 깨닫고 자신을 가해자로 만든 위치에서 벗어나기를 택했기 때문(《무명의 말들》 '후지이 다케시'의 말 인용)"이라고 책에 적고 있다.

은유 작가는 '자각'에 대해 이렇게 말했다.

"자식뻘 되는 동준이가 괴롭힘 당하고 일을 어려워하는 걸 회사 어른들이 알았을 텐데, 외면하고 무관심했던 게 어머님은 못내 서운하고 속상했다가, '아 나도 그랬다' 부끄러움을 느끼신 거죠. 그래서 버스 옆자리에 앉은 발달장애인 아이에 관심을 갖게 되고 타인의 아픔에 관심 갖게 되신 거예요. 타인에 대한 무관심으로 생명을 잃을 수 있는 상황, 부끄럽죠. 개인이 선함을 행하지 않았다는 것에 부끄러움을 느끼고 주변을 돌아볼 때 사회가 뭐라도 변하지 않을까요."

은유 작가는 회사 측을 대변, 대표했던 사람들에 대해 "한 아이의 죽음을 두고 회사의 논리를 대변하고 있다는 것에 부끄러움을 느끼면, 그 일을 못 할 것"이라면서도 "그런데 그들이 염치없다고 무작정 말하기보다는 다 각자의 사정이 있을 수 있는 거니까 '왜 그런 일을 하냐'고 말하고 싶진 않다"고 했다.

하지만 또한 분명히 말했다. 그는 "먹고 살아야 한다는 이유로 그걸 묵인하는 사람이 많아지면 세상이 나빠지는 게 맞다. 누군가는 타협하지 않아야 한다"면서 "차라리 내 아이라면 사람보다 이윤의 논리를 앞세우는 대기업에 안 갔으면 좋겠다. 큰 조직의 부속으로 일하면서 부끄러운 짓을 하는 줄도 모르고, 하게 만드는 나쁜 공동체에 안 갔으면 좋겠다"라고 말했다.

은유 작가의 큰아들은 올해 스물네 살이 됐다고 한다.

"조직이 괴물을 만들어버리는 걸 너무 많이 봐왔어요. 가끔 조직의 불의에 저항하는 내부고발자가 나오기도 하지만 혼자 바꿔내려면 얼마나 힘들까요. 어차피 세끼 밥 먹고 사는 거잖아요. 인간다움을 지키면서도 사는 길이 있겠죠."

나, 게으름뱅이로서 맹세하니

그렇게 사는 예가 '영국 게으름뱅이 연합 맹세'에 나와 있다. 은유 작가는 자신의 책《다가오는 말들》에서 이렇게 인용했다.

게으름뱅이로서 나는 맹세한다. 터무니없이 오랜 시간을,

특히 몇몇 기업 양아치들을 위해서 일하지 않으려 투쟁하기로. 가능한 한 스트레스가 나를 침범하지 못하게 막아내기로. 토하기 전에 정시근무라는 회전목마에서 내려오기로. 혼자 있을 때나 남들 앞에서나 스스로 즐기기로. 일이란 단지 고지서에 찍힌 비용을 지불하기 위한 것임을 인식하기로. 친구들이 힘의 원천임을 항상 기억하기로. 단순한 것을 즐기기로. 대기업과 회사에 소모하는 시간을 줄이기로. 그 대신 좋은 것을 많이 만들기로. 순리를 벗어나기로. 아무리 사소한 수준이라도, 세계와 주위 사람을 변화시키기로.

그러면서 은유 작가는 말한다. "'무슨 일 하세요?'라는 질문에 '할 수 있는 한 피해를 덜 끼치는 거요'(데이비드 프레인《일하지 않을 권리》본문 중)라고 답하는 상상은 얼마나 통쾌한가"라고. 은유 작가는 "시곗바늘 같은 엄격함으로 소득, 권리, 소속감을 오직 일에서만 추구해온 나"는 '일을 거부한 게으름뱅이' 앞에서 "조금 두렵고 한편 즐겁다"고 했다.

여기서 게으름뱅이는 '아무것도 하지 않는 이'가 아니다. 단지 "가장 중요한 부분이 훼손되는" 느낌을 견디지 않고 박차고 나오는 사람이다. 돈을 좇아 일하지 않고 스스로를 들여다보고 주변을 살피며, 세상을 조금이라도 변화시키는 데 일조한다. 게으름뱅이의 삶은 남을 이겨 먹는 데 목적을 둔 삶이 아니다.

"전 사실 일을 무리해서 하지 않으려고 노력해요. 시행착오 끝에 깨달은 것은 내가 너무 바쁘면 디테일에 신경 쓸 수가 없다는 거예요. 찔리는 거, 양심의 가책 이런 것도 '나 사는 것도 피곤하다'고 하면 무감각해지기 마련이잖아요. 내가 너무 바쁘면 사고하지 않고 감정으로 표현하게 되죠. '아, 체력에 한계가 있으니 바쁘지 말자'라고 생각해요. 저는 망해도 혼자 망하면 되거든요. 적게 살다가 적게 가는 게 제 깜냥에는 맞는 거 같아요."

당신의 염치

다시, 처음 이야기로 돌아가 봤다.

저처럼 욕심이 많은 경우는 어떻게 해야 할까요.
욕심 많은 사람이 도 닦는 척하면 불화가 일어나요.(웃음) 다만, 지금 내는 욕심이 서로를 북돋는 욕심이 아니라 파괴하는, 짓누르는 욕심이 아닐지 늘 생각해야 할 거 같아요. 성과를 뽑아내려는 사회에서는 개인이라도 경각심을 가져야죠.

자신이 원하는 바를 잘 들여다봐야 한다는 이야기다. 나의 욕망을 온전하게 가려내고 선택할 수 있어야 한다. 기성교육이, 부모가, 친구가, 지인이 주입한 욕심이 아닌지, 삶의 기준이 '나'에게 있는지 묻고 또 물어야 한다고 했다. 동준이를 잃은 후 그의 이모 강수정 씨는 본인 아이한테도, 자라나는 다른 아이들한테도 해주고 싶은 말을 이렇게 풀어냈다.

"싫으면 하지 마. 넌 하기 싫은 것을 안 할 권리가 있어. 기존의 잣대로 널 재려고 하지 마. 그자가 틀렸을 수도 있어. 다른 이의 권리를 침해하지 않는 선에서 넌 자유롭게 네가 하고 싶은 것을 선택할 수 있어. 때론 가족도 너 자신보다 중요하진 않아. 중요한 건 자신을 지키는 거야."

그러려면 '나침반'이 필요할 것 같았다. 내 손바닥 위에 항상 올려놓을 수 있는 삶의 방향계 같은 것, 갈림길에서 부려도 되는 욕심과 그러면 안 되는 욕심 정도는 명확히 가리켜줄 수 있는 무엇. 잠깐 생각해봤다. 지금, 나의 나침반은 무엇일까. 딸에게 부끄럽고 싶지 않다는 것만은 확실했다. 은유 작가는, 자신의 글이 나침반이 된다고 했다.

"저한테는 글이 이정표가 되는 것 같아요. 제가 책 사인할 때 '삶은 글을 낳고 글은 삶을 돌본다'라고 쓰거든요. 살아온 대로 글을 쓰는 건데, 그 글이 삶을 이끌어주기도 한다는 게 느껴지더라고요. 시를 쓰고는 삶에 침을 뱉으면 안 되잖아요."

끝으로 그에게 물었다.

부끄러움을 알면 행복해지나요?

나를, 남을 적어도 불행하게 하지 않을 수는 있지 않을까요.

당신의 염치는 귀하다

기자는 남의 이야기로 먹고 사는 직업이다. 자료를 읽으면서 공부하고 사람을 만나 '찐하게' 배우기도 한다. 그래서 취재는 배움이다.

이번에도 많이 배웠다. 얼마든지 목사로서 안정적인 삶을 이어나갈 수 있었던 문익환의 선택에서, 그냥 모르는 척 지나가도 됐을 '비밀'을 굳이 세상에 공개했던 임종국과 아버지의 선택을 보면서, 그리고 세상을 이롭게 하면서 결국 자신도 이롭게 하는 선택이 무엇인지 채현국을 통해 알게 됐다. 때로는 세상을 앞으로 나아가게 하는 용기가 부끄러움을 아는 마음에서 비롯된다는 것을 배웠다.

"반성으로 가는 문."

이른바 진보든 보수든, 힘 있는 그들 사이에서 위선이 튀어나올 때면 "염치는 권력과 자본, 부와 사회적 책임, 지식과 정보가 집중된 곳에 누진 적용되어야 한다"고 했던 박주영 판사의 말이 떠올랐다. 개인적인 삶과 직업적인 삶 사이의 거리를 의식하며 "저도 많이 위선적"이라고 했던 그의 말이, 감옥 같은 동물원을 정원 같은 곳으로 바꾸려 오랜 세월 살아온 김정호 수의사의 "찔린다"는 말과 통하는 걸 보고 또 배웠다. 직업적 염치가 얼마나 소중한 것인지 실감했다.

우리는 돈 욕심과 거리를 두는 것으로 보이는 사람들도 제법 만났다. "사실 이익이랑 반비례하는 경우도 있다"면서도 "자신이 조금씩 좋은 쪽으로 변하고 있다는 게 느껴져 마음이 편하고 혼자 뿌듯하다"고 했던 배우 김남길 씨의 말은 문요한 작가가 소개했던 행복론과 정확히 일치하고 있었다. 순희 씨가 하는 미용실에서, 부부가 하는 백반집에서, 남매가 하는 카페에서도 자신이 원하는 그 무엇이 탐욕에 가깝다면 오히려 행복도가 떨어질 가능성이 높다는 걸 배웠다.

문제는 이음이다. 남의 이야기를 또 남에게 이어주는 직업이 기자다. 그래서 항상 부딪히는 과제이긴 하지만 이번에는 더 걱정이 됐다. 많이 배운 만큼 그 양이 많았고, 또 그러하니 이음매가 단단하지 않은 것 같기도 했다.

앞서 염치에 대해 함께 이야기를 나눴던 서울여자대학교 학생 중 세 명에게 초고를 보냈다. 그리고 그중 기자 지망생인 이지혜 씨(서울여대 언론영상학부 저널리즘학과 4학년, 휴학

중)와 다시 이야기를 나눴다. 마주 앉은 사람은 이주연 기자와 독립편집부 '꼰대' 이 부장. 안정세로 돌아서는 듯했던 코로나19 상황이 이태원 클럽 등 유흥업소에 출입한 사람들을 통해 다시 악화되고 있던 때였다. 대화를 하면서 이지혜 씨는 물음표를 쏟아냈다. 그는 기자가, 우리는 답변자가 됐다.

우리는 지하철 이야기부터 다시 꺼냈다.

지하철에서 또…

이주연 지하철에서 어떤 사람과 서로 맹렬하게 노려보는 상황이 얼마 전 있었어요. 그날 지하철이 붐볐는데, 앉아 있는 사람 바로 앞에 서 있어야 앉아 갈 확률도 높아지잖아요. 그런데 어떤 사람이 좌석 앞에서 혼자 두 자리를 차지하고 서버리더라고요. 사람은 많고 그래서 그냥 밀치고 지나갔어요. 그랬더니 날 노려보는 거야. 나도 노려봤죠. 만약, 내가 아는 사람이 그렇게 서 있었다면 막 밀치고 들어가진 않았겠죠. 그런데 그 사람 내가 다시 만날 일 없고, 그 사람도 내가 누군지 모르고 그러니까 행동으로 옮긴 거죠. 난 원래 그런 성격 아닌데…….

이부장 대다수 사람들은 최소한의 염치를 지키죠. 동물적인 인간과 인간적인 인간이 뒤섞여 있는 그런 공간 안에서도. 지하철 승객 전체를 100명으로 놓고 본다면, 그중 한 명 정도가 나한테 불쾌감을 준다고 볼 수 있지 않을까요?

이주연 그래서 염치없는 사람만 각인되는 거 같아요. 나머지 사람은 나에게 불편을 끼치지 않으니까, 기억에 안 남는 거구요. 또, 한 명 정도는 염치 있음을 행하죠. 자리를 양보한다든가 짐을 들어준다든가. 나머지 98명 정도는 서로의 공간을 인정하는 최소한의 염치를 지키기 때문에, 한 명의 미친……(웃음), 그런 사람들이 있음에도 불구하고 세상이 돌아가는 거죠. 그러니까 일상생활을 할 수 있는 거죠.

이지혜 왜 하필 98명이죠?

이주연 보통 사람들은 타인의 공간을 인정하잖아요. 그 숫자를 98로 표현해본 거에요. 너무 당연한 일이라서 기억에 안 남는 사람들이요. 내 옆에 앉은 사람은 '쩍벌'을 하지 않았고, 서로 팔이 닿지 않게 조심했거든요. 오늘 제가 출근하면서 특별히 불쾌감을 느끼지 않을 수 있었던 것은 다른 사람도 최소한의 염치를 지켰기 때문이라는 생각을 하게 돼요.

이부장 만약 할아버지가 눈앞에 있어, 난 자리 양보하기 싫어, 힘들어, 이럴 때 너무 당당하게 '뭐, 어쩔 건데', 이럴 사람 사실 많지 않다는 거죠. 자리 양보하는 게 좀 '거시기'해서 눈을 감고 자는 척을 할지언정 마음속으로 켕김이 조금도 없을 수는 없다고 봐요. 그런 찔림이 염치인 거죠. 지하철은 그래서 이 사회를 유지하는 질서의 핵심에 염치가 있다는 걸 확인할 수 있는 곳이기도 하죠. 염치가 욕망의 억제제란 걸 말이죠.

탐욕이 넘치면 질서가 무너진다

이지혜 그래도, '염치없이 살면 내가 어떤 손해를 보게 되는 거지?', '나한테 오는 직접적인 피해는 뭐지?', '도덕적으로 내가 나빠지는 거 말고 뭐가 있지?', 이런 물음들이 떠오르곤 했어요. '위 아 더 월드We Are The World' 이런 거 말고요.

이주연 요즘 이태원 클럽이나 노래방 등 유흥업소에 다녀온 사람들에 대한 지탄의 목소리가 높잖아요. 나만 괜찮으면 된다는 파렴치함이 만들어낸 비극적 상황이란 식의 댓글이 많았어요. 자식 둔 부모 입장에서는, 우리 애들은 놀이터 한번 못 가고 집에서 숨죽이고 있는데 거길 가다니, 정말 염치없다고 할 만하죠. 극히 일부의 사람이 자신의 욕망을 누르지 않아서 생기는 피해를 고스란히 온 국민이 겪고 있으니까요.

이지혜 탐욕은 남한테 피해를 주는 것 같아요.

이주연 맞아요. 탐욕이 넘치면 질서가 무너져요.

지혜 씨의 욕망

이지혜 그런데 이런 생각이 들기도 했어요. 그럼 앞으로 욕심을 조금만 부리고 살아야 하나? 하…… 왜 나한테 이런 것까지 바라는 거지?

이부장 예를 든다면, '학점을 잘 받고자 하는 마음을 덜 부려야 하는 거 아닌가?' 이런 생각이 들었다는 건가요?

이지혜 네. 경쟁사회에서 욕심을 안 부리고 살 수 있을까요?

이주연 남을 해치느냐 아니냐가 기준점인 것 같아요. 자신의 욕망을 잘 들여다보면, 부려도 되는 욕심, 그러면 안 되는 욕심은 구분해낼 수 있지 않을까, 그러면 찔릴 수 있고 자제할 수도 있지 않을까 하는 거죠.

이지혜 저는 뭐 갖고 싶은 건 많이 없어요. 그런 욕심이 있는 건 아닌데, 그냥 좀 여유로웠으면 좋겠거든요. 뭔가를 선택할 때 선택지가 많았으면 좋겠고, 시간도 많았으면 좋겠고, 내가 하고 싶은 뭔가를 할 때 불편한 게 없었으면 좋겠어요. 이것도 어떻게 보면 욕심일 수 있지 않을까요?

이주연 제 욕망은 의미 있는 일을 하면서 좀 덜 바빴으면 좋겠다는 거예요. 웃기죠? 의미 있는 일을 즐겁게 하고 싶어요. 그런데 예전의 저한테는 이런 욕망이 없었어요. 고등학교 시절, 저는 무조건 이겨야 했어요. 좋은 대학을 가야 좋은 직장을 얻고 그래야 행복할 수 있다고 생각했죠. 1등을 해야 한다고 앞뒤 잴 것 없이 진짜 경주마처럼 뛰었어요. 대학에 가서도 학점 열심히 땄죠. 기자가 되자는 목표를 세우고 공부 막 했어요.

이지혜 저도 그런 쪽인 거 같아요. 남을 이길 때 카타르시스 같은 걸 느끼거든요.(웃음).

이주연 저도 그런 거 같아요.(웃음) 그런데 지금은 '굳이 그럴 필요가 있었나?' 그런 생각이 들어요. 물론 그때 열심히 공부한 게 나 스스로는 뿌듯하고 자존감을 세우는 데 도움이 됐겠지만, '2002년 월드컵도 못 보고 그렇게까지 해야 했나? 그게 진짜 내 욕망이었나?' 그런 생각이 들었어요. '그럴싸한 직업을 갖고 싶다'거나 '남이 보기에 멋져 보이는 직업을 갖고 싶다' 그런 욕망이 발현됐던 건 아니었나? 그렇게 '공부, 공부'만 해서 10대와 20대 초반을 다 보냈는데, 그렇게 공부한 게 진짜로 내가 원하는 걸 얻기 위해서였나 하는 거죠. 이걸, 열다섯 살짜리 중학생이 그때 몰랐던 건 당연하겠지만, 그때 다양한 길이 있고, 이렇게 살아도 된다는 걸 아무도 얘기해주지 않았던 거 같아요. 그래서 지금 제 딸은, 공부만 알게 키우고 싶지는 않아요. 다른 삶도 있다고 얘기해주고 싶어요. 내가 진짜 원하는 걸 알면 불필요한 욕심을 덜 부려도 되지 않을까요.

이지혜 그런 깨달음을 얻은 것도 어쩌면 남들보다 시작점이 조금 앞에 있었기 때문은 아닐까요? 정말, 찢어지게 가난하고 그런 사람들은 아등바등 살아야 하잖아요.

이주연 맞아요. 사람마다 다 달라요. 저야 부모님 등골 빼먹으면서 공부만 할 수 있었으니까 쉽게 말할 수 있는 것 같아요. '나'로 돌아보면 그렇다는 이야기였는데요, 그래도 스스로 물어볼 수는 있지 않을까요. 자신의 욕망에 대해서요. 이게 누군가에게, 어딘가에서 주입된 욕망인지 아니면 진짜 나의 욕망인지. 그걸 잘 들여다보면 그냥 1등이 되겠다고 쫓아가지 않을 수도 있잖아요. 내가 진짜로 원하는 욕망을 찾아내고 그걸 달성하면 자존감도 더 높아질 수 있지 않을까, 나의 욕망을 잘 아는 사람이 염치 있는 삶을 살 수 있지 않을까, 그렇게 생각해요.

나침반

이부장 본인이 원하는 바를 헤아려보면, 오히려 선택지가 다양해질 수도 있을 것 같아요.

이지혜 잘 이해가 안 돼요. 오히려 좁아지는 거 아닌가요?

이주연 꼭 하지 않아도 되는 미용 시술을 손님에게 강요하면 탐욕이 될 수 있겠죠. 그럼 돈은 많이 벌 수 있을지 몰라도 바가지를 쓴 고객은 피해를 입게 돼요. '돈을 많이 벌고 싶다'에서 조금 벗어나니까 미용실 일이 재미있고 의미도 있을 수 있게 된 거 아닐까요. 다른 선택지가 펼쳐져서요. 미용실 원장님은 예전보다 행복해졌다고 하세요. 염치는 관계를 돈독하게 하는 마음이기도 한 것 같아요. 사람은 관계 속에서 살잖아요. 그 관계들이 돈독해지면 행복지수가 높아지지 않을까요? 상대를 배려하고, 그렇게 염치 있는 관계가 주변에 탄탄하게 쌓이면 그 관계들이 또 나를 보호하고, 그래서 행복할 수 있지 않을까 생각해요.

이부장 우리가 말하고자 했던 건 그거였던 거 같아요. 당신의 염치는 정말 소중한 거라고.

이주연 세상의 기준이 아니고, '나'를 기준으로 세상을 보면 부끄러움을 느끼는 지점도 달라질 것 같아요. 은유 작가는 자신의 글에 부끄럽고 싶지 않다고 해요. 배우 김남길 씨는 자신의 팬에게 했던 말에 대해, 그리고 김정호 수의사나 박주영 판사는 자신의 일에 부끄럽지 않고 싶어 해요. 저는 제 딸에게 부끄럽게 살고 싶지 않아요. 무엇에 부끄러워하고, 무엇에 부끄럽지 않기 위해 사는가. 나는 얼마나 부끄러운가…… 당신의 염치가 삶의 나침반이 될 수도 있지 않을까요.

KBS, 〈도올아인 오방간다〉, 한 점 부끄러움 없기를 윤동주 편, 2019년 3월 9일

오마이뉴스, 〈동사무소에서 판사는 부끄러웠다 "법에 무지하여…"〉, 2019년 11월 12일

연합뉴스, 〈전두환 재판, 고 조비오 신부 유족 · 군인 등 증언〉, 2019년 9월 2일

KBS, 〈도올아인 오방간다〉, 한 점 부끄러움 없기를 윤동주 편, 2019년 3월 9일

오늘의 유머, 〈부산 ○○아파트 갑질〉, 2015년 11월 4일

오늘의 유머, 〈부산 갑질 논란 아파트 102동 엘리베이터에 붙은 학생 글〉, 2015년 11월 5일

아시아경제, 〈택배 기사 수레 금지, 아파트 공지에 입주민들 반대〉, 2019년 12월 30일

송우혜, 《윤동주 평전》, 69p, 1988

김형수, 《문익환 평전》, 2018, 김형수 지음, 87p

문익환, 〈하늘 바람 별의 시인, 윤동주〉, 《월간중앙》 1974, 310~311p

《세계명시전집, 윤동주》, 1991, 142p

김종철, 《마침내 하나됨을 위하여》, 김종철, 1999, 개마고원

《시사IN》 513호, 2017년 7월, 김형민 SBS CNBC PD 기고

임종국, 《친일문학론》, 1966, 평화출판사

동아일보, 〈문단 암흑시대〉, 1968년 8월 17일

동아일보, 〈친일문학론 낸 임종국 씨〉, 1966년 8월 2일

정운현, 《임종국 평전》, 2006, 시대의 창

경향신문, 〈친일문학론 낸 임종국 씨〉, 1966년 8월 13일

리영희, 《분단을 넘어서》, 2006, 한길사

한겨레신문, 〈김대중 씨 가장 아끼는 책 1백 권 전시회〉, 1993년 1월 31일

매일경제, 〈국립도서관 우수 이용자 표창〉, 1968년 9월 24일

한겨레, 〈친일 역사 규명 연구소 설립 추진〉, 1990년 4월 24일

동아일보, 〈난동이변 14일까지 계속〉, 1966년 1월 12일

《삼천리》, 1930년 11월호

《공립신보》, 1909년 1월 27일

황현, 《매천야록》, 1909

반민족문제연구소, 《친일파 99인》 1993, 돌베개

한국일보, 〈할아버지 강남 땅 돌려줘〉, 2020년 2월 18일

경향신문, 〈최초의 기원〉, 1984년 3월 21일

한국농수산식품유통공사 농산물 유통정보, 2020년 5월 13일 기준

MBC 〈놀러와〉, 2011년 3월

《CeCi》 인터뷰, 2015년 10월

디시인사이드 아이유 갤러리에 남긴 아이유 글, 2020년 1월 1일

KBS 〈대화의 희열〉, 2018년 10월 27일

《CeCi》 인터뷰, 2015년 10월

《CeCi》 인터뷰, 2013년 11월

《데이즈드》 인터뷰, 2018년 4월

《엘르》 인터뷰, 2013년 12월

《데이즈드》 인터뷰, 2019년 10월

《시사저널》 인터뷰, 2016년 8월 16일

SBS 〈열혈사제〉 마지막회, 2019년 4월 20일

매일경제, 〈초록 화폭에 목향 짙은 집을 짓는다〉, 1996년 9월 6일

백종원, 《무조건 성공하는 작은 식당》, 2010, 서울문화사

백종원, 《백종원의 장사 이야기》, 2016, 서울문화사

조선일보, 〈몰염치한 사람들이 더 건강해〉, 2017년 10월 21일

한겨레, 〈노인들이 저 모양인 걸 잘 봐두어라〉, 2014년 1월 3일

채현국, 정운현, 〈쓴맛이 사는 맛〉, 2015, 비아북

경향신문, 〈돈도 지식도 신념도 지나치면 위험… 행복은 권리 아닌 의무〉, 2017년 5월 19일

김주완, 《풍운아 채현국》, 2015, 피플파워

CBS 라디오 〈김현정의 뉴스쇼〉, 2019년 01월 04일

CBS 라디오 〈시사자키 오늘과 내일〉, 6월 항쟁 20주년 기념 특집, "6월 민주항쟁의 숨겨진 주역, 바리케이드 건너편 사람들", 2007년 6월 8일

채현국, 〈국무령 만오 홍진 선생님께〉, 아시아기자협회 기고문, 2019년 4월 24일

진주문고 인문학 특강, 2015년 1월 28일

《GQ》 인터뷰, 2014년 12월 9일

은유, 《싸울 때마다 투명해진다》, 2016, 서해문집

은유, 《다가오는 말들》, 2019, 어크로스

은유, 《알지 못하는 아이의 죽음》, 2019, 돌베개

사람이 염치가 있어야지

초판 1쇄 인쇄 2020년 8월 27일
초판 1쇄 발행 2020년 9월 11일

이은이 이주연
펴낸이 김문식 최민석
기획편집 이수민 김현진 박예나
　　　　김소정 윤예솔
디자인 엄혜리
제작 제이오

펴낸곳 (주)해피북스투유
출판등록 2016년 12월 12일 제2016-000343호
주소 서울시 성북구 종암로 63, 4층 402호(종암동)
전화 02)336-1203
팩스 02)336-1209